◇ 康淑華・邱妙儒　譯

老人心理治療

PSYCHOTHERAPY WITH OLDER ADULTS

Second Edition

Bob G. Knight

謹以此書紀念我的父親，

Jack Allen Knight, Sr. (*1894-1976*)。

聆聽他回憶過往，奠下我事業的根基。

作者簡介

巴布·耐特（Bob G. Knight）博士是美國南加州大學安德魯斯老人學中心（Andrus Gerontology Center）老人學及心理學的副教授，同時也是庭思達老人諮商中心（Tingstad Older Adult Counseling Center）以及洛杉磯家庭照顧者資源中心（Los Angeles Caregiver Resource Center）的主任。一九九五年秋，擔任英國雪菲爾大學（University of Sheffield）的訪問教授。在加入南加大之前，於加州芬圖拉郡心理衛生服務部門（Ventura County Mental Health Services）負責老年服務方案部門的管理工作（1980-1988）。他在心理衛生及老年的領域上出版了相當多的作品，包括《老人心理治療》（*Psychotherapy With Older Adults*）的第一版（Sage, 1986；有法文及荷蘭文譯本）、《老人外展服務》（*Outreach With the Elderly*）（1989），以及《接受心理治療的老年人：案例分析》（*Older Adults in Psychotherapy: Case Histories*）（Sage, 1992）。

耐特博士在美國印第安那大學（Indiana University at Bloomington）獲得臨床心理學博士。他的老人工作專業生涯源起於印第安那州麥迪遜郡都市聯盟（Urban League of Madison County），一九七三年他於此組織了麥迪遜郡老年委員會（Madison County Council on Aging），並擔任第一屆的主席。

譯者簡介

康淑華

（第一、二、三、四、八章）

美國哥倫比亞大學社會工作碩士
美國匹茲堡大學公共政策與管理碩士
曾任美國新墨西哥州聖伊莉莎白庇護所（St. Elizabeth Shelter）社工師、台北婦女展業中心暨松年長春服務中心社工督導、中華民國紅心字會副祕書長
現任婦女救援基金會執行長

邱妙儒

（第五、六、七、九章）

美國賓州大學社會工作碩士
曾任弘道老人社會福利基金會志工督導、松山老人日間照顧中心社會工作師
現任職慈濟基金會慈善發展處、慈濟大學社會工作系兼任講師

作者序

（第二版序言）

十年前，正巧在我女兒 Carmen 出生之前，完成了《老人心理治療》初版的打字稿。當此版完成時，她也即將升上五年級，我們正準備前往英國雪菲爾大學（University of Sheffield）和雪菲爾社區健康信託公司（Community Health Trust）展開我們的假期。

初版的發行開啟了我與他人在老人心理治療上長程的對話。不論是從事老人心理治療工作、與他人交換治療上的意見、在南加州大學的研究所擔任教學工作，以及在許多不同的機構中指導在職進修的課程，我在這些歷程中累積了更豐富的經驗。在所有的討論當中，關鍵問題總是：老人心理治療和年輕案主的心理治療是否相似？假使答案是肯定的，則接下來的問題便是其間的不同為何呢？

幾年前，我太太 Patty 陪同我到一個地區性的心理協會演講。當我問及她的想法，她的回應是除了少數的例外，與老人進行治療和年輕人是沒什麼不同的。她指出了這些例外，隨即又表示當這些例外放在一起時，似乎又有很大的不同。她是對的，在這本書的各面向，我嘗試努力能夠更清楚地呈現這些不同，以及在什麼時候會有所不同？什麼時候又不會有太大的差異？

本書的第一章勾勒出我認為老人心理治療是有別於其他族群的看法：發展性成熟對晚年的影響；特定挑戰，如悲傷（grief）和慢性疾病；世代差異，以及老人所處的社會情境。接續章節所陳述的內容在於進行老人心理治療工作時，應該基於一些因素做調整（第二章），如何與老人建立治療關係（第三章），以及進行老人心理治療時所產生的移情與反移情作用的議題（第四章）。這些章節除了提供基礎幫助讀者理解老人心理治療與年輕案主的差異之處，同時也為在與案主初次接觸和進行評估之前，提供一個了解老年案主的工作架構。

要對老人進行評估不僅和年輕人有所不同，有時是更加的困難。由於心理性問題經常是與身體和社會性問題同時並存，加上老人失智症的普及率逐日升高，這些因素讓問題更顯複雜。若單以治療師的角度去思考，往往許多錯誤的根源是未能發現心理與身體之間或心理與社會之間的問題。此外，也有很多的錯誤是因為未能辨認出老人與年輕人之間共通性的問題：諸如憂鬱、焦慮、酗酒、不幸婚姻、家庭問題等。在第五章當中，針對評估的討論僅是初步的介紹，讀者需要更多的閱讀與訓練，才能適切的去評估老人的功能。第五章結尾的部分，提供了進一步閱讀的資料。

第二版與初版最大的不同點是特別增加了新的章節：悲傷處理（第六章）、慢性疾病（第七章），和生命回顧治療（第八章）。我必須再次強調，這些都僅是入門的摘述，讀者應該更進一步去閱讀其他的書籍和資料。在生命回顧該章裡，我結合社會情境及世代為基礎的「成熟／特定挑戰」模式，和傳統生命回顧治療兩者的觀點，並推薦了一些方法來應用這些概念去處理老人豐富的生命資料。

最後一章（第九章），我提出與老人進行治療時相關的倫理議題，以及展望未來老人心理治療的看法。如同初版，我企圖以跨越治療體系的方式來撰寫老人心理治療。一位書評者在評論文章中，描述我將心理動力、行為學派、社會學習、家庭系統，和個案工作模式，整合運用於一個過程當中，這樣的評價或許可以視為我的成功。正如我在最後一章所言，我已逐漸發覺自己的治療觀點是在一個整合的心理治療架構之內。

採用整合觀點的心理治療師通常會很清楚的展現他們接受訓練的根源，正如我在大學時代初次接觸諮商時，所接受的是羅傑斯學派的訓練。我第一次運用非導向式訪談技術（nondirective interviewing techniques）針對老人做訪談的研究經驗，增強了我在人本學派的訓練。而我在印第安那大學的訓練刻意傾向認知行為取向。我的指導教授是Leon H. Levy，他是 George Kelly 的學生；因此我的認知取向比 Beck 或 Ellis 更接近個人構念治療法（personal construct therapy）。同時我也曾追隨 Kenneth Heller 學習心理治療。Kenneth Heller 與 Goldstein、Heller，以及 Sechrest 合著了一本經典的心理治療專書（*Psychotherapy and the Psychology of Behavior Change*, 1966），他強調運用所有的心理學概念（特別是社會心理學）做為治療的知識基礎。以上這些根源證明了為何我運用老人學作為與老人進行心理治療的知識基礎，也說明我一向重視以老人特殊的社會情境來了解老人的原因。

我經常閱讀與老人相關的心理動力文獻，發現許多描述案主與治療師之間關係的觀點相當具有說服力，雖然他們並非都與老人學的常態老化觀點一致。我也曾數度接受心理動力和完形學派的治療師督導。他們專注於情緒上的探究，對於發現真實困擾案主的原因有很大的貢獻。當我們等待著心理治療能夠在理論上整合，我的觀點是任何一位治療師都應曉得如何去使用兩者或兩者以上的治療體系，並且運用最適切的方法來解決案主的問題。

我一直有意減少自己對某種心理治療形式的偏袒。也就是說，我對於團體、夫妻，及家庭型態的會談和從事個人會談都是同樣的喜好。大家常以為我只從事個別心理治療，這其實也讓我自己感到驚訝與疑惑。

我期望透過這本書能為老人心理治療提供一個連貫性的簡介，並且嘗試以老人學作為潛在的知識基礎來了解常態老化過程和晚年生活的問題。如果沒有這樣的知識為基礎，則我們只能憑藉個人在專業上少數與老人工作的經驗為準，運用我們所知和我們自認為知道的方法來因應問題。這些經驗，雖然無疑是不可避免的，但卻很可能會導致對老化過程的誤解，而這誤解將會傷害到我們致力協助的老年案主。

祝福你們與老年案主們！

致謝詞

該感謝的人實在遠超過這致謝詞的篇幅。好些年來，Sage 出版社的 Terry Hendrix 不斷督促我能同意修訂此書，真的很感謝他的堅持。因為修訂此版所觸發的一些想法和閱讀，對我而言實在相當的有價值。同時，也感謝 Sage 出版社的 Christine Smedley 在整個修訂此書的過程不吝指導。

Margaret Gatz, Steven Zarit, Michael Smyer, George Niederehe, Sandra, Powers, Fiona Goudie, Martha Storandt, Sara Qualls, Elizabeth Zelinski 和其他同僚們，他們以各種不同的方式表達或寫下對於此書初版的一些看法，確實給予我很多不同的觀點，當然也影響到這第二版的內容。再者，很感謝 Gerald Davison 和 Sandra Powers，他們辛苦的協助我原稿的校閱工作。

我一直十分的幸運能與兩所相當頂尖的科際整合老人心理治療中心合作：芬圖拉郡（Ventura County）老人外展服務（在加州）和南加州大學的 Tingstad 老年諮商中心。很感謝 Hortense O. Tingstad 大力慷慨的支持諮商中心，以及 Merle H. Bensinger 給予我在南加州大學的 Andrus 老人中心擔任教職的支持。他們二位對於晚年正向的可能性與接受一個成功晚年的挑戰，給了我很深刻的啟發。

在我個人的部分，我要感謝我的太太所給予我的愛與支持，以及她為我生命帶來的洞察力與智慧。此外，我的繼父（如果他尚在人世，今年已一百零一歲了）、我的母親（上個月才過六十五歲的生日），和我的女兒（在此書出版時就滿十歲了），他們各自以不同的方式教導我在生命當中不斷的成長。

譯者序

在從事老人社會工作的這段日子裏，我們看到許多老人的問題其實根源於心理層面，但卻被現行的處遇方式所忽視。這或許來自實務工作者對老人心理諮商的迷思，也或許是我們不確定該如何解決他們累積了大半輩子的問題。「那位老人的個性很固執，根本聽不進我的建議，我不知道還可以如何與他繼續工作下去。」「我好不容易找到志工去幫他的忙，卻被他轟出門，若再發生這樣的狀況，我就要停止他的服務。」這或許是發生在你我周遭的例子，也或許正是你我都曾有過的感受。

「心理治療／諮商對老人有效嗎？」我們普遍認為老年人的個性是難以改變的，心理諮商或個案輔導是不容易對他們發生效用的。以社會工作界為例，我們可以看到在目前推動的老人服務，以文康活動或老人長期照顧為主，很少有人去注意到老人的心理健康，因為我們往往認為「老人就是這樣嘛！」另一方面，在學校的教育裏，也很少特別針對老人心理治療或個案工作提供學生完整的訓練，學生受到的訓練很少，更遑論去提供服務。也因此造成在與老年人工作時，許多的工作者容易感到挫折，也無法真正解決老年人問題的根源。

本書整合社會、心理，及生理的觀點，提出**以社會情境及世代為基礎的「成熟／特定挑戰」模式**，做為心理治療的架構。全書包含理論、技巧，與實例，不僅提供實務工作者非常寶貴的資訊，更以科際整合的角度打破一般思考的侷限與盲點。雖然本書以心理治療出發，但所有從事老人工作的助人工作者、相關科系的學生，及對老人心理諮商感興趣的讀者，皆可從本書獲益。

翻譯這本書的過程，每每都是驚喜。作者的觀點解答了我們實務上曾有過的許多疑惑，也給予我們更多的反省與學習。我們很高興可以為中文讀者介紹這本書，為老人心理衛生工作投注新的觀點。本書中的心理學名詞翻譯係參考《張氏心理學辭典》（張春興，民 82）；精神疾病名詞翻譯則參考《DSM-IV 精神疾病診斷準則手冊》（孔繁鐘及孔繁錦，民 86）。另，作者所介紹的許多案例係出自其另一本著作《接受心理治療的老年人：案例分析》（*Older Adults in Psychotherapy: Case Histories,* Sage, 1992，**在本書中我們簡稱為案例書**），我們將案例名字保持原文，以方便有心讀者對照該書。在此也特別感謝美國匹茲堡大學發展暨教育心理學碩士陳淑婷小姐對部分心理學研究法及名詞的指正。

願將這本書送給為這片土地及家庭而奉獻了一輩子的長輩，期盼這本書的誕生可以讓我們跨越差距，更加貼近彼此的心靈！

康淑華・邱妙儒　謹誌

2001 **年初夏**

目　錄

1

給心理治療師的老人學

以社會情境及世代為基礎的「成熟／特定挑戰」模式

(The Contextual, Cohort-Based, Maturity / Specific Challenge Model)

七十五歲的 G 太太因為孫女的建議而來找心理治療師。孫女發覺到 G 太太有憂鬱的現象，而由於她自己在大學時代曾有過良好的治療經驗，所以她想心理治療可能可以幫助 G 太太。G 太太的先生已過世三年，這幾年她一直處於悲傷的狀態。過去這兩個月在經歷了先生的祭日、自己的七十五歲生日，以及一位朋友搬到另一個社區等事件後，她變得更憂鬱，體重持續減輕，並且抱怨無法好好的睡以及記憶力不再像從前一樣的好。她非常不確定治療師

作者附記：本章進一步拓展《接受心理治療的老年人：案例分析》（*Older Adults in Psychotherapy: Case Histories,* Sage, 1992）介紹與結語兩章節的概念，並重複其部分內容。此外，本章也含括了本人在〈世代〉雜誌（*Generations,* 1993）所發表的文章內容，該文後來收錄在由 M. Smyer 所編寫的《心理衛生與老年》（*Mental Health and Aging,* Springer, 1993）一書中。

會對她做些什麼，她的孫女只說和治療師談談會有幫助。治療師的等候室讓她想起了一位醫生的診所，她想也許治療師會像她以前的家庭醫師一樣（他已去世十年）開藥給她，或是給她友善但肯定的建議。她知道心理治療與一個人的精神狀況有關，因此她擔心治療師會評估鑑定她，然後把她送去州立醫院。

當治療師 Q 博士出現在等候室時，G 太太很驚訝他看起來那麼年輕，而且在穿著上感覺不是很專業。Q 博士則看起來似乎有點訝異於 G 太太的年紀，並且顯露出不自在的樣子。當 G 太太有點吃力搖晃地從等候室的沙發站起來時，Q 博士出人意料地以有些笨拙的方式抓住她，以企圖穩住她的身子；這讓 G 太太感到生氣，並且使她一時之間身體感到更不平衡。到治療室後，G 太太不太能了解 Q 博士的談話，因為他說話的音量很小，並且有種一聽就知道是外地來的口音。G 太太許多時候都在猜他到底在問些什麼問題，但由於無法很清楚的看到他臉上的表情，G 太太不確定他是怎麼解讀她的回答。治療室的光線昏暗，而且 G 太太已有五年因為價格的緣故而沒換過她的眼鏡。

經過約一個小時的會談後，Q 博士及 G 太太彼此都感到更加的緊張。G 太太強烈覺得 Q 博士認為她是衰老不中用的，並且還告訴她「在你這個年紀感到憂鬱是很正常的」。她還擔心未來的三個月她是否付得起治療師的帳單。雖然心理治療診所的秘書告訴她費用是依據個人所得而決定的，但沒有人告訴她到底該付多少錢。她後來沒有接到任何帳單，她下的結論是治療師把治療她當做是做善事所以才不收她的錢，這讓她覺得更加的沮喪。她的孫女要她去看另一個治療師，G 太太拒絕了，並偷偷感到鬆了口氣，因為她不用被送去州立醫院的老人科。

這個故事中的 G 太太，很不幸的遭遇到許多老年人在尋求心理治療時所發生的問題。其實像 G 太太這樣的人很多，當然也有人只有上述部分的問題，對治療也只有部分的誤解。與治療師的主要個案群——青壯年人比起來，老年人並沒有太多的機會去接觸心理治療及其他心理衛生服務，或是透過正式的教育管道去了解它們。

在大部分老年人的生命中，「心理／精神衛生」（mental health）代表的是把精神異常的人長久地關在離家很遠的醫院之上鎖病房裏。這個世代的老年人，接受過大學教育的人很少，就算上過大學也不太可能會修心理學的課程；當時關於心理治療及心理治療師的小說及電影也並不多。沒有太多人知道其實就算沒有嚴重的精神疾病也可以去尋求心理治療。基於這些原因，老年人不太可能清楚的知道什麼是心理治療門診及對其有何幫助。如果治療師不在治療早期就扮演一個主動教育案主的角色，案主會以一些不切實際的幻想，或是憑他過去與醫生或是神職人員晤談的經驗，來看待心理治療。

因為很多的治療師沒有接受過老人心理治療的訓練，所以案主很可能會碰上一個一遇到老年案主就會緊張的治療師：一個懷疑案主是否有阿茲海默症（Alzheimer's disease）但卻不知道該如何判斷的治療師，可能會覺得憂鬱，甚至自殺都是老年人理所當然的反應。加上很多老年人有聽力及視力上的障礙，與治療師的溝通上可能會有所困難，這些都會阻礙彼此治療關係的建立，並強化治療師去認為案主患有失智症，無法從治療中獲益。簡言之，那位Q博士其實應該發展一種治療關係來幫助G太太克服憂鬱、建立新生活，並做一個更快樂的喪偶者。上述的例子中，G 太太擔心治療費用，並有種沒有獲得幫助的感覺。其實只要治療師多下一些功夫，G 太太的經驗就可以完全不一樣，一個成功的治療可能就已經開始了。

我寫這本書的動機，是因為看到越來越多的心理治療師自願或被派遣去與老人進行治療工作。而大部分心理治療師的訓練並沒有充分提供老人的相關知識，或是讓治療師學習如何與老人相處，所以這些治療師往往靠著摸索來與老人工作及建構對老人的看法。一些治療師開始注意到老人學，但往往基於時間的有限而無法專研，在大略的研讀這個領域的參考資料後，卻又覺得這些東西太技術性或過於基本，或者只是在強調一些讓大部分的心理治療師都會覺得與心理治療不相關的問題（如：從老人學習一串無意義的音節來了解其學習與記憶力改變的狀況）。

老人學是一個科際整合的研究領域。傳統上，這個領域的學者是在完成其原有學科的專業訓練後而投入老人學；然而在過去二十年來，有越來越多的人獲得老人學的學位。老人學的組成學科包括生物、醫學、護理、心理學、社會工作學，及社會學。以往的老人服務主要是由社會工作師及護士所提供，最近幾年加入了老年服務網絡的規劃者、安養院的管理者、復健治療師、休閒治療師、參與老人中心及老人餐飲服務的半專業工作者，以及近期投入老人領域的醫師與心理治療師。

老人學中所牽涉到的複雜觀點、成員，及學科領域，很明顯的形成一個相當複雜的知識體，它無法在一本書或短短的章節就可以好好介紹得完。然而，老人學的一些基本看法、研究發現趨勢，及豐富的資訊，可以帶給治療師不同於其從社會文化中所學習到的老化過程及對老年人的概念。本章正是要討論老人學對老化的一些新想法。

老人心理治療的實務工作及討論研究已大約有八十年的歷史。大體而言，個案研究及控制下的實驗，兩者的結果都是很正向的（Knight, Kelly, & Gatz, 1992）。最大的爭議在於，曾從事過老人心理治療的人士認為心理治療對案主是非常有價值的，而且對治療師而言也是相當值得的經驗；相反地，未曾與老人進行過心理治療的人士則認為老人是無法從心理治療中獲益的。從一九七〇年代開始，老人心理治療的文章已大量引用科學化的老人學資料（Knight et al., 1992）。

老人學早期發展的特點在於兩派研究學者間觀點的分裂。有一派學者發現，相較於一般大眾的假設，老化其實是一個更為正向的經驗，他們認為實務工作者把部分老人的問題推論到所有的老人身上。另一派「失落－匱乏」（loss-deficit）老化模式，則描述常態的晚年歷程為經歷一連串的失落，憂鬱則是老年人對失落的典型反應。這模式一直是許多臨床工作者對老年人一脈相承的看法。

另一方面，人生全程心理學（life span psychology）將進步的概念及研究方法帶入成人發展及老化的研究。其中最重要的是堅持使用縱貫（longitudinal）研究法來研究老化的過程，以反對不正確但卻普遍的研究方法：將老年人與青壯年人同時做比較，然後把從他們身上所觀察到的差異作為發展性的結論。橫斷（cross-sectional）及縱貫研究法，為成人發展帶來更精確的研究，並且讓大家注意到經常會與老化混淆的兩個重要影響因素：世代差異（cohort difference）及時間效應（time effects）。「世代差異」是指不同世代團體之間的差別；「時間效應」與當時社會中影響每一個人的社會潮流有關，或者它也可以指時間因素對研究本身所產生的影響。

在從事老人心理治療的工作中，我不斷嘗試著去跨越科學與實務間的鴻溝。部分動機是因為我對於一九八〇年前臨床工作者所尊奉的「失落－匱乏模式」與一九七〇年代開始出現的「人生全程心理學」兩者間的不同感到困惑，後者所強調的是常態的老化，並且以較正向的態度來看老化過程。這些年來，這項關注導引我「以社會情境及世代為基礎的成熟／特定挑戰模式」（contextual, cohort-based, maturity/specific challenge model）的研究案（參考

Knight, 1992, 1993, 此研究大部分的概念將會在本章中加以重述與延伸，參考表 1-1）。在這個模式中，老年人呈現出在某些方面比年輕人成熟，但也面臨成年期的一些最困難的挑戰，包括適應慢性病和身體的失能，及不斷地經歷失去親友的悲傷。現代的老年人因處於一個特別的社會環境，再加上過去是在不同於現在的社會文化下所成長的，所以他們可能需要發展適應能力來面對現在這些環境，而這是一般老年發展理論所沒有提到的。接下來，我將先討論「成熟」，然後是「世代差異」及「社會情境」等影響老人心理治療有別於年輕人的重要潛在因素。最後將介紹並非老年人獨有但卻是老年人最常遇到的「特定挑戰」。

表 1-1　成熟－特定挑戰模式

成熟的成份	特定的挑戰	世代因素	社會情境
認知的複雜 後形式推論 情緒的複雜 雙性特質 專長知識 ・拿手的領域 ・多重的家庭經驗 ・累積的人際技巧	慢性疾病 身體的失能 對死亡的準備 哀悼親友的逝去	認知能力 教育程度 詞彙的使用方式 價值觀 常態的生活步調 社會－歷史性的生命經驗	年齡區隔的居住環境 老人服務機構 老人文康場所 醫療場所 長期照顧 以年齡為基礎的法律與規定

成熟

隨著老化所衍生的認知能力改變

遲緩

發展性老化對認知能力的影響，最常見的是所有與反應速度有關的認知活動會變得遲緩（Botwinick, 1984；Salthouse, 1985）。雖然透過練習、運動及其他處遇方式可以增快速度，但並不能完成去除年齡所帶來的影響。在Salthouse（1985）一份針對此主題的文獻探討中，他相當有把握的論證「緩慢」可能的位置是在中央神經系統裏。

智力

智力可以用許多方法來分類。常用的「二元因素分類法」（two-factor distinction）是由 Cattell 所提出，然後由 Horn 所完成的（見 Labouvie-Vief, 1985， 以了解此主題相關的研究）。此分類法將智能分類為流動智力（fluid intelligence）及固定智力（crystallized intelligence）。在老人學中，流動智力通常是藉由和速度或時間有關的活動來測量，它清楚的顯現發展性老化所帶來的改變。推理能力（例如：以一系列「下一個是什麼」的問題來測量）從這個角度來看也是流動智力的一部分。固定智力則通常是透過與成人智力相關的活動來測量，例如使用大腦中所儲存的資訊、單字，及算數技巧。研究顯示，在七十五歲以前，老化並不會對固定智力帶來太大的改變（Schaie, 1983）。七十五歲以後的改變則比較少被研究，且很難與早期阿茲海默症或其他失智疾病所帶來的智力改變做區隔。

Rybash, Hoyer, 及 Roodin（1986）率先提出新趣的想法來看成人生命階段的認知發展過程。他們從資訊處理過程的角度提出「人腦猶如電腦」（mind as computer）的隱喻，認為不斷累積的經驗可以被看為如同在運作一個「專家系統」（expert system）程式。老人以他們累積的生活經驗建立了一個相當的知識儲存庫。工作及家庭經驗讓他們知道事情是怎麼一回事、該如何做，特別是對於他們個人特別專長的領域。在這些專長領域，年長者傾向於表現得比年輕人好。相對地，年輕人的快速度及過多的精力可能有助於處理大量的新資訊，而不需專家系統的協助。Salthouse（1985）以類似的理論脈絡推測，隨著年齡所產生的「速度緩慢」，可能是導因於老年人已發展出一種機器語言（「人腦猶如電腦」的內部控制語言），它處理抽象資料的能力比較好，速度也比較快，但代價是會緩慢了低層次工作的速度；我們通常可以在測量反應時間的實驗中看到這種狀況（如：聽到聲音後去打擊槓桿的速度）。

Rybash 等人（1986）也主張比較成熟的成人其認知發展存在著後形式推論期（postformal stage）。除了形式推論期（formal stage）的抽象思考、推論演繹能力，及象徵符號的使用之外，後形式推論期，包括辯證思考、依據其所處情境及觀點去鑑賞不同的看法，以及理解即使是對立的觀點也可能有各自存立的事實。他們證實許多成人沒有達到形式推論期；而不論是形式或是後形式期，兩者似乎都與教育程度有關。這個看法相當的令人感興趣，並且與臨床工作中所觀察到老年案主思考能力的極為複雜是一致的。

學習及記憶力

記憶力可能是研究老年期認知改變中最困難的一個主題。與講究方法論的老年期智力改變研究形成強烈對比，大部分的記憶力研究是以橫斷方法在同一點上去比較老年人與年輕人，這之間還摻雜了老化及世代差異的影響。以魏氏記憶量表（Wechsler Memory Scale）所做的縱貫研究顯示，當在統計上控制身體健康這個變項時，鮮少有發展性記憶力的改變（Siegler, 1983）。在 Zelinski, Gilewski, 及 Schaie（1993）較近期的一項縱貫研究顯示，當在統計上控制推理能力（流動智力的一部分）這個變項時，並無證據可以顯示年齡對記憶力的縱貫性改變有所影響。Reisberg, Shulman, Ferris, de Leon, 及 Geibel（1983）長期追蹤有記憶力問題的老年人，指出大部分記憶力有改變的老年人，即使改變影響他的複雜工作（complex work）及社交活動，也並沒有發展出漸進式的記憶力喪失。雖然社會上罹患失智症的老人越來越多，但對於一般老化過程中良性的記憶力改變，我們仍不清楚其本質為何。這個問題是研究方法上的一大挑戰，並且對於我們了解常態的老化過程及預估晚年相關疾病（如阿茲海默症）的普及程度有相當重要的關係。大體而言，就現在我們對記憶力的了解，當資料對老年人是有意義的、與老人有關，且老人有學習它的動力時，年輕人與老年人之間的記憶力表現並無太大差異（Botwinick, 1984； Craik & Trehub, 1982； Hultsch & Dixon, 1990； Poon, 1985）。相反的，年輕人對於學習新奇的知識及本質上無意義的工作（如學習一串沒有意義的字），可以做得比老年人好。

在這裏有一個令人感興趣的問題，那就是老年人不會自動的去使用記憶術來輔佐記憶。他們可以在學習使用記憶輔佐方法後，在記憶力表現上大為進步，然而下一次測驗時，需要再次去提醒他們使用記憶輔佐方法（Botwinick, 1984）。雖然此研究是特別針對現在這一代的老年人，但它衍生出一個重要的概念，即把老年人需要被提醒以使用新學的技巧這特性類推到治療的情境中。

近來研究的共識是運作記憶（working memory）會隨著老化而衰退（見 Light, 1990 及 Salthouse, 1991，以了解此主題的相關研究）。運作記憶是一容量有限的資源，資訊必須先經過運作記憶處理才能登錄在長期記憶（long-term memory）。這個限制可能會影響學習新事物的速度與所需耗資之精力，也會影響對語言的理解能力（Light, 1990）。這個研究發現建議與老人進行治療時，必須減慢速度並且使用簡單些的語言表達。

人格及情緒發展

比起九年前，現在有更多針對成人及老年階段人格發展的研究。Costa 及 McCrae 等人在巴爾的摩老化縱貫研究（Baltimore Longitudinal Study on Aging）（Costa & McCrae, 1988； McCrae & Costa, 1984）中使用自我陳述（self-report）及概括化模式（nomothetic model）的人格測量法，證明一個人的人格發展在整個成人生命歷程中是穩定的，特別是在三十歲到六十歲之間穩定性特別高。這些樣本大都是中產到高社經階層的男性，呈現穩定的人格向度（dimensions），包括內向性／外向性（introversion/extroversion）、神經質（neuroticism）、對經驗的開放性（openness to experience）、可靠性（dependability）、合作性（agreeableness）。這些發現是重要的，它們支持著一個概念：這些人格向度經過多年後，甚至幾十年都還是穩定的，同時從成人階段到老年初期，人格的特性大致沒有改變。Costa 及 McCrae 並依據他們的研究結果，對老年人變得較憂鬱（1985）及常性中年危機這樣的說法提出反駁。這裏的穩定性指的是相關穩定性。平均值的改變的確發生，然而 Costa 及 McCrae（1988）並不認為這改變足夠對研究結果造成影響。

奧克蘭輔導研究（Oakland Guidance Study）則使用不同的研究方法對七歲到六十歲之間的兩性做研究，包括由訪員來評分而不是讓受訪者使用自陳量表，並使用一個主動的（active）人格模式，從個人的眾多人格向度內，去引導出相對比較下突顯出的人格向度，而不是在一個事先即已決定好的量表上去看此人在團體中的排名（Haan, Millsap, & Hartka, 1987）。他們發現穩定的向度包括認知上的承諾（cognitive commitment）、可靠性、外向性（outgoingness），這些特質的分類與 Costa 及 McCrae 研究中的經驗開放性、可靠性，及內向性／外向性等分類在概念上是相仿的。他們發現「自信／受害者心態」（self-confident / victimized）的人格向度（與 Costa 及 McCrae 的「神經質」類似）對男性而言從成人期到晚年是穩定的，但女性則否。大體而言，他們發現在整個生命發展歷程上，女性的人格組織比男性來得彈性。他們的結論是，人格特性不僅在經歷過許多生命變化後仍相當穩定，同時晚年的人格組織也非常不同於兒童期。他們發現兒童到青少年早期是人生中最穩定的一個階段，然後在青少年及成人早期階段經歷相當多的改變與重組，接下來的成人階段（也就是 Costa 及 McCrae 有統計資料的這個階段）的人格穩定性則是中等的。對男性而言，進入晚年後，其人格組織是相當穩定的，但女性的人格卻經歷相當大的重組工作。

這兩個研究都同樣在男性身上發現穩定的人格特性，同時奧克蘭研究提供了一個少有的女性人格發展的實證資料。Field 及 Millsap（1991）在對奧克蘭／柏克萊研究（Oakland / Berkeley studies）的追蹤調查中，指出老年人在八十歲以後精力開始減退，並且有變得比較內向的趨向。滿意性（satisfaction）（「神經質」的相反）仍保持穩定，合作性在七十歲至八十歲之間增加，然後保持穩定。明顯的，我們需要更多的引導來知道對年齡超過六十歲的人該有些什麼樣的期待。治療師感興趣的是，儘管我們知道人格有其客觀的穩定性，但研究報導指出，人們相信他們的人格有所改變與成長（Bengtson, Reedy, & Gorden, 1985； Woodruff & Birren, 1972）。

性別角色及性別刻板態度在整個人生歷程中的改變，是人格發展上另一個有趣的討論。David Gutmann（1987）在不同的文化使用投射式人格測驗（projective testing），認為男性及女性在經歷老年階段時，女性變得比較果決與獨立，而男性則變得比較慈愛與關心別人。在一個自我概念的文獻探討中，Bengtson 等人（1985）則認為這些研究的結果與研究方法的設計有關。客觀的人格測量方法容易讓早生世代顯示出較多刻板的性別模式；而自我概念的測量〔如 Bem 兩性特徵量表（the Bem Androgyny Scale）〕在年長的測驗者身上會看到較多雙性特質（androgyny）的狀況。作者同時指出以年齡而分級的社會角色

（age-graded social roles）及世代間的影響，可能是造成研究結果不同的主要原因，而且這些變數是非常難以去區隔開的。舉例而言，有些理由讓我們相信自我概念中的性別刻板印象在孩提時期是最明顯與強烈的，在這階段前後，雙性特質的共存則可能較為普遍。在與老年人工作時，我們必須保持開放的心，以面對老人在性別相關議題上其行為及想法所可能產生的改變。事實上，相反於一般人認為老年人緊握著傳統的性別角色及價值，老年男性傾向於變得對兒童及人際關係較有興趣，而女人則變得較果決，對政治及工作感興趣。

整個成人生命歷程情緒的改變，是心理治療師與老人進行治療時的一個重要議題。Gynther（1979）探討以 MMPI（明尼蘇達多相人格測驗，Minnesota Multiphasia Personality Inventory）對老人所做的相關研究，他指出，老年人的憤怒、趨力（impulsiveness），及混淆（confusion）等特性在測驗上的分數很低，並且認為人類可能會隨著身心的成熟而變得較無趨力去做一些事。就心理生物的（psychobiological）層次而言，Woodruff（1985）所下的結論是，他認為老年人較不容易感到刺激興奮，一旦興奮後也比較難回復到原來平靜的狀態。這個發現可能表示老年人焦慮與憤怒的時間線（time line）與年輕人不同。Schulz（1982）認為經驗的累積讓老年人的情緒較複雜，但也較不易大起大落；每一個新的經驗提醒老年人先前曾有過的負向或正向涵義的經驗。而在生命早期時，則可能有較簡單且較激烈的情緒反應，但較少或甚至無經驗去緩和新事件（如墜入情網）或失落（如朋友搬走）對情緒所造成的波動。

Labouvie-Vief, DeVoe, 及 Bulka（1989）對了解及控制情緒的發展提出了一個發展的模式。依據這個模式，一個人的情緒發展從早期青少年期的簡單生理反應及對感情的簡單區辨能力，進展到中年時期生理及情緒經驗的整合，並且對影響情緒的情境因素及他人的反應能有所辨識。Malatesta 及 Izard（1984）的臉部表情對情緒表達的研究，證明老人的表情在同一時間當中傳達出許多的情緒成份。Malatesta 及 Izard 也指出在研究中，年輕人較不容易正確的從老年人臉部來辨認情緒，此可做為年輕人與老人進行治療時的一個提醒。這個研究指出：老年人的情緒比年輕人更複雜及微妙。

本節結語：成熟在整個成人階段不斷增加的相關實證

對整個人生階段的人格發展，Neugarten（1977）在其一項經典的討論中，提出隨著年齡的增加，人們的向內性（interiority）將會提高，或者是說傾向於向內思考，並且對生命變得更加的深思熟慮、心理取向與具有哲學觀點。這個改變當然使得老年人更加地適合心理治療。

雖然流動智力的處理速度及其他成份會隨著年齡開始減退，但固定智力則可能還保持穩定。由成人期進入晚年階段，認知能力成熟的主要特徵在於依據個人的成人生活經驗所發展出的「專家系統」（Rybash et al., 1986），以及進入後形式推論階段之後，對人們爭論的本質、社會的改變，以及不同的觀點等評鑑能力的增加（Rybash et al., 1986）。

在情緒這一方面，老年人被認為變得較不衝動及較不受焦慮所驅使（Gynther, 1979）；情緒變得較為複雜，對事件有較複雜的反應（Schulz, 1982）；對情緒狀態的控制有較多複雜的經驗及能力（Labouvie-Vief et al., 1989）。De Rivera（1984）主張隨著生命發展所不斷累加的經驗，會帶給情緒更多樣化的發展及豐富的轉換經驗。

不斷增加的雙性特質（Bengtson et al., 1985； Gutmann, 1987）也可以被視為是不斷增加的心理成熟度。當一個人進入生命的後半段，行為及社交技巧會變得比較不受刻板的性別角色所限制，也因此會變得更像一個完整的人。至少在兩性關係的背景之下，男人及女人從彼此身上學習技巧及行為已超過幾十年了。

促成此種性別角色進步的機制就如生命經驗的累積般簡單（以及複雜），它可以被視為一種複雜度不斷在增加的人類互動資料庫。Breytspraak（1984）針對自我的發展摘要了社會學及社會心理學的想法，並提出社會比較的過程、反映式的自我評價（reflected appraisal），及人與環境間的互動，都會影響不斷在演變的自我概念。假設這些因素在整個生命過程中持續影響著自我的發展，這意味著隨著年紀的增加，人們至少有潛力去對自我有更多的了解，並去發展一個更複雜的自我（見 Markus & Herzog, 1991；Sherman, 1991）。

Bowen 的家庭系統理論以稍微不同的論點得到相同的結論（見 Hall, 1981）；他將分化的自我（differentiated self）之發展與一個人的家庭背景相連結。Bowen 的多重世代傳遞（multigenerational transmission）概念，意謂著從原生家庭到婚後家庭間有著基本的一致性。與老年人的家庭進行治療工作，賦予「家」一個重點概念，那就是所有的老年人都有許多不同的家庭組合經驗：原生家庭、結婚後有著小孩的核心家庭、有著成年子女及孫子女的延伸性大家庭，以及晚年後家庭成員離開的分散式家庭等。如果一個人從各種家庭互動經驗中都獲得一些知識，每一個人多少都可以成為家庭動力的專家。

總而言之，目前老人學的趨勢認為，整個成人生命歷程是有潛力可以繼續成長以邁向成熟的。從這點來看，「成熟」意謂著認知複雜度的不斷增加，這可能包括：具備後形式推論能力；在經驗豐富的工作、家庭及人際關係領域上成為專家；雙性特質——它至少意謂著獲得了在刻板印象上屬於另一個性別的角色能力及興趣；更高的情緒複雜度，並對情緒的反應有更多的了解及控制。

世代差異

如同先前所提的，從生命歷程的發展來了解老人的另外一個向度，是將「成熟」與「世代成員」的影響予以區分。大部分的社會老人學（social gerontology），其實就是在談老人與年輕人間的差異是導因於世代的影響，而不是如一般大眾所認為是由老化所造成的。世代差異可以被解釋為以出生年份來界定的一群人，其能力、信仰、態度及人格向度受到其生長時代相當程度的社會化，這些特性隨著成員老化仍保持穩定，並且也因而將這些成員與之前或之後的世代予以區分。舉例而言，二十世紀後出生的美國人比之前的世代受過更多年正式的學校教育。

一些研究也指出了世代間在智力技巧上的差異。大體而言，Schaie 的西雅圖研究（Seattle study）顯示，晚生的世代傾向於在推理能力上較優越。另一方面，一些早生的世代（現在老的一輩）在算數以及言語能力上則較優越（Schaie, 1990）。這些發現說明了一個重點：即使缺少了發展性的改變等成熟因素的影響，但因為世代間存在著差異性，所以現在的這些老人與年輕人也仍是不一樣的。這些研究同時也顯示各個世代對較老世代的看法是有所不同的。

在學習及記憶力的相關研究中，我們發現到就資料的熟悉度而言，老年人在學習字串（word lists）時，如果該字串是「老字」（如："fedora"，美國舊式的男性軟毛氈帽），老人家會學得比學「新字」快。這個發現說明用字方式隨著時間在改變，並且提醒治療師在與老年人溝通時，必須考慮使用合適的詞彙（Barrett & Wright, 1981）。

Costa 及他的同伴發現世代不同對人格所造成的影響。舉例而言，與本世紀早生的世代相比，晚生的世代較不受約束且有較高的支配力（Costa, McCrae, & Arenberg, 1983）。大體而言，他們的研究認為年輕人與老年人在人格上所觀察到的不同，相比於發展性的老化過程，較有可能是世代的差異所造成的。

關於生命滿意程度的改變，Costa 等人（1987）使用了一個非常大的全國性樣本，證實生命滿意程度的平均水準隨著老化是保持穩定的，而在各個世代間也是穩定的。但較早生的世代傾向於較中庸的表達，較不正向但亦較不負向。

就其他方面來說，發生在童年期或童年期之前的社會改變，我們會很自然的接受它，並視其為理所當然；但當它發生在成人階段，我們則會很切身的經驗到它為一種改變。這些世代差異正是老年人被視為「傳統」的原因。

世代差異雖不是發展性的成熟因素所造成，但卻是相當真實的。與老年人進行治療時，涉及到需要學習早生世代成員的一些文化及習慣，就如同與青少年或年輕人相處時需要了解他們的文化及看事情的角度。在現在這個社會快速改變及科技不斷革新的年代中，世代的影響可能會更勝於發展性的成熟因素。在準備與老年人進行治療時，應包括去了解這些早生世代是如何在我們出生之前的年代所成長的。

了解老化是在了解生命的成熟過程，與老年人工作則是在了解成熟於不同年代的人們。在了解老人心理治療上，也許最未被發展的觀點之一在於，其實了解世代因素對老人心理上所造成的影響，就類似學習如何與來自不同文化及不同性別的案主相處，兩者並非在品質與困難上有本質的不同。

老年人的社會情境

另一個在心理治療上了解老人的方法，是去了解老人所處的特殊社會情境。這個情境包括特定的居住環境（年齡區隔的居住環境、年齡區隔的社交及娛樂中心、老人服務網絡、年齡區隔的長期照顧等等），以及與老人相關的一些特別規定（老人醫療保險規定、老人福利法、老人保護法等等）。老人服務網絡則是這個社會情境中的另一個成份。當老人談起這些情境的經驗時，治療師對這些體系的基本知識及實際接觸經驗，將可幫助他們去了解老人。

特別注意的是，專業人士對這些老人環境的選擇性經驗可能會產生一些危險：許多人對某一個特別的環境可能很了解（如：老人養護機構），就自以為他們是老人的專家。

這類的工作會需要治療師對於老人的社會環境具備一些認識。認識可以不需要很深入，但需要超越一般大眾普遍存在的錯誤看法。認為住在都是老人的居住環境可以幫助老人交友，是只有天真的外人才會相信的。許多年齡區隔的老人居住環境，無法接受身體孱弱的老人及任何的偏差行為（Frankfather, 1977）。

任何一個老人文康中心及集體用餐地點都有它們特別的社會生態。如果你不知道他們的服務範圍及對新成員的開放程度，建議案主去這樣的地方參加活動或是認識朋友，其實是冒險的。在我另外的一個工作地點，其服務範圍從吸引退休專業人士的各式活動方案，到提供服務給大多數從州立醫院出院的病人，並有一個類似慢性病房日間活動室的環境。初期在與案主建立關係時的一個重點，往往在於我可以了解及同理案主在尋找合適的活動或協助時所遭遇的困難。

雖然要了解老人所處的情境並不困難，但大多數與一般大眾工作的治療師對這些認識的缺乏，可能正是造成他們認為老年人似乎很難了解的原因之一。其實老年人的正式醫療照顧、社會服務網絡，以及這些服務在層次上的區別，可以在一兩堂的課程中學會。對這些服務網絡的非正式拜訪則可以提供治療師一個經驗的架構來了解老年人所處的環境。只是這些環境對於大多數的年輕人而言是相當陌生的。

我們從生活中獲得一些學校、工作、軍隊、運動，及家庭等場所的經驗，這些形成一個背景來幫助我們了解案主的談話內容。老人的相關場所〔例如：老人文康中心、退休旅館、醫院、護理之家、醫生的辦公室、老人集體用餐方案、志願服務方案、拖車住宅駐紮公園（mobile home parks）等〕對大多數的成年人包括治療師而言，都是不熟悉的場所，不幸的是我們常把這種對老人相關場所的不熟悉與無法了解老人混淆在一起。當老年人告訴我們有關他們居住的環境所發生的事而我們卻不熟悉時，我們也許必須相信心理治療技巧可以讓我們有能力了解案主，並從他們的觀點來進行治療工作。

晚年生活的挑戰及其特性

到目前為止，實務工作者也許會認為本書所提的老化看法，似乎過於樂觀。我們對不斷增加的成熟提出一些證實，其目的是想要把焦點放在整個生命階段的常態發展。許多尋求心理治療幫助的老人，正掙扎於會威脅人生任何一個階段心理均衡的問題：慢性疾病、身體失能，及所愛的人逝去。這些問題並不是老年人獨特的問題，只是在晚年較常發生。此外，老年人並非對一般生命的浮沉已免疫：對愛的失望、與家人爭執、無法達成自己所設定的目標等。最後，許多早已患有憂鬱、焦慮、物質濫用，或精神疾病的人，在年老後終究會持續掙扎於這些問題。

對於老人個別的心理治療實務而言，這些問題的特殊本質特別重要。就如失落－匱乏模式忽略成熟的證據，認為晚年面臨各種失落是常態的看法，並沒有對招致這些失落的特殊本質予以解釋。臨床的經驗建議，不論是失去配偶、失去視力，或失去一條腿都是有所影響的。詳細認識失落的特殊性並且重新將失落概念化成一種挑戰，意謂著有一些失落可以經由復健諮商（rehabilitation counseling）予以克服，及經由悲傷輔導予以適應。從失落－匱乏模式轉變為成熟／特定挑戰模式，同時也可以幫助我們了解在一些特定的生命經驗中，憂鬱是否屬於一種常態。舉例而言，發生在退休後的憂鬱從這個模式來看並非常態（因為許多老人享受著不用工作的自由），因此他們需要更詳細的治療評估。

慢性疾病與失能

在持續地為老年人提供心理治療，並將案例整理出書後（Knight, 1992），讓我清楚了解與情緒痛苦的老人進行心理治療，通常意謂著與長期和病魔搏鬥的老人們一起工作。在開始從事老人心理治療後，我發現我自己開始認識這些慢性疾病和它們對心理所帶來的影響、疼痛的控制、遵守醫療處遇、復健技巧，以及藥物反應之行為徵兆的評估。這些工作帶著我到醫院、護理之家、心臟病的重建方案、急診室，以及許多嚴重失能病人的床邊。

做這個工作讓我變得熟悉醫生與護士，及學習到如何與他們交談。我學習到許多藥物的限制及病人對醫生的需求。我也學習到去思考這些醫院及其他的醫療單位雖然是由人類所組成，但卻是在特殊的社會規則下運作著。觀察到許多有著醫療訓練的人無法自在的面對情緒障礙、精神疾病，及自殺的威脅，就如同我無法面對血、身體症狀及急診狀況一般，我開始更加地感謝我的專業。

這種與老人一起工作的觀點，相較於其他可以忽略生理問題的心理治療實務相比，其牽涉到更專門的知識及技巧。慢性疾病及身體失能的比例在每個年齡層逐漸的增加，以及生理與心理的互相關連性在晚年的提高，使得心理治療如果沒有能力去討論生理問題，及了解什麼樣的狀況可能是導因於生理影響，根本就無法發揮功能。這個原則並非表示每一個與老人工作的心理治療師都必須是一個醫生。但它的確表示我們必須具備相當的知識來與醫師及案主交談，並與他們兩方面都合作，以幫助案主討論他們所遇到的生理問題。

「特定挑戰」與「失落－匱乏」模式的不同之處，在於失落－匱乏模式認為老人心理治療是在協助老人適應晚年自然的失落，並對這些失落予以哀悼。這個模式有兩個缺失：第一，失明、心臟病，或癌症並非一種「自然」，它們發生在老年人身上的比例比較高，並非就表示這些失功能是生命常態發展過程中的一部分；老年人在經歷這些問題時，並非就會比年輕人更加鎮靜或比較沒有危機。第二，失落－匱乏模式沒有建議下一步該如何樂觀的發揮功能以面對生命。也許可以從接受功能上的缺失來開始重建工作，但它不應該是一個結束；下一步應該是去思考可以如何改善生活。目標也許並不需要設定在回復到生病以前的功能及心理層次，但總是仍有進步的空間去超越治療初期的功能及心理狀態。與慢性疾病和失能案主進行治療的一些議題，在第七章有更詳細的說明。

悲傷

同樣的，與老人做心理治療時會牽涉到悲傷的處理。雖然在我們生命中的每一個階段都會遭遇到親友的逝世，但這種經驗在老年會特別的常見。因憂鬱而尋求協助的老年人，通常在過去的幾個月或幾年內曾經歷到幾位親近親友的去世。許多與老年人的心理治療工作其實就是在處理悲傷問題。

就如同慢性疾病及身體的失能並不是生命常態發展過程的一部分，老年人經歷悲傷也並非是晚年的常態及本來就該被期待的。當老年人失去一位心愛的人，即使其在生前已生病一段時日，老年人一樣會覺得震驚與痛苦。當彼此相處時間長久時，這痛苦可能更加深沉。

不同於失落－匱乏模式，成熟／特定挑戰模式超越情緒的悲傷治療及對失落的接受，它探討的問題是仍然存活著的悲傷案主該如何繼續過他的生活。悲傷處理並不只是接受失落，而是幫助案主去尋找出在生活中沒有已逝者之新的生活方式。更多與老年案主進行悲傷處理的細節會在第六章呈現。

簡而言之，這個模式中的特定挑戰部分，承認老年人所面對的問題之嚴重性。它強調這些問題的特性，並且認為這些晚年的問題可以被克服。事實上，它的涵義在於，面對遭遇某些特定問題的老人時，處理成人案主類似問題的工作方法其實可以運用在老人的身上。老人心理治療不應該變得太特殊化，以至於一般成人心理治療技巧及知識不容易概化到老人身上，而老人諮商所發展的技巧與概念也不能應用到較年輕的成人。

摘要

以社會情境及世代為基礎的成熟／特定挑戰模式，運用科學性老人學的複雜觀點來刻畫老人。成熟的過程在某些方面使老人更加成熟，但同時也對認知過程產生輕微的缺失。世代的差異及許多老人所處的特殊社會情境，邀請著我們從他們特定的生活背景去認識他們。這個生活背景會隨著年紀的增長而有所改變，並也會隨著時間受社會、經濟，及政治的影響而有所不同。最後，有一些問題在晚年特別容易發生，也因此常被認為是老年人特有的問題。雖然我們需要一些專門知識才能對這些問題有所了解，但我們仍不應該過度的認為這些問題是因案主的年齡所引起的：年輕的案主也會有慢性疾病、身體失能，及悲傷。下一章將會討論心理治療是否需要因應老人的狀況而做調整。成熟／特定挑戰模式的四個成份將會用來做為討論的架構。

2

心理治療因應老人所做的調整

老人心理治療的討論，傳統上都會從心理治療師對老人治療工作的悲觀態度開始談起。這種悲觀可以追溯回佛洛依德（Freud, 1905/1953）及精神分析學派認為老人（五十歲以上的成人）的性格架構已太僵硬而不容易有所改變。治療師常被指控為對老人有所偏見或害怕與老人工作，且治療師的偏見常被視為是老人接受心理治療的主要障礙。這些討論大致都建議治療師應該更樂觀或至少不是那麼悲觀的來看老人心理治療。

對老人心理治療抱持樂觀態度的理論基礎

然而，即使是在傳統的精神分析學派，也有部分人士質疑心理治療師對老年案主的一致性悲觀態度。很早以前，Karl Abraham（1919/1953）即認為應以更樂觀的態度來看老年人的心理治療；Rechtschaffen（1959）也在其文章中引用了許多人對老人心理治療的正向看法。在其他相關的治療傳統中，對老年人的偏見較不顯著。容格（Carl Jung, 1933）在他的治療理論中討論生命後半段的正向發展角色。艾瑞克森（Erik Erikson, 1963, 1968）也寫下了中年人及老年人的發展任務。隨著心理治療從精神分析發展到心理動力及走向一個整合的取向時，早期兒童階段發展的重要性及早期性格架構的缺乏彈性等假設都變得較不顯著。心理治療系統已傾向去了解個體當下的狀況，去設定及達成相關的短期及特定目標，以及去了解個體所處的社會情境。在許多方面，心理治療的演進反映著老人心理治療的改變（見 Rechtschaffen, 1959）。簡言之，對老人心理治療普遍所持的假設性悲觀態度並沒有獲得所有心理治療師的認同；心理治療理論及實務的改變，已傾向讓心理治療更能與老年人相容。此外，許多來自不同學派的治療師（Knight et al., 1991；Rechtschaffen, 1959），以及各種不同的治療方案（Scogin & McElreath, 1994；Smyer & Gatz, 1983）都已證明老人心理治療的成功。

行為治療，這個來自不同的心理學傳統，以實驗來研究學習及行為改變的學派，已開始在老人心理治療的研究上受到注意。行為治療依據它特有的本質，致力於以樂觀的態度來看老年人改變的可能性。它以環境的變數及對環境的認知來概念化行為及行為的改變（見 Carstensen & Edelstein, 1987；Hussian & Davis, 1985；Patterson et al., 1982；Teri & Lewinsohn, 1983；Wisocki, 1991）。如果一個人知道如何用學習理論的原則與技巧來和貓、狗、小白鼠，及金魚工作，很自然的可以假設他也能用這些原則與技巧來和老人工作，即使這些老人已孱弱或失能（見 Fisher & Carstensen, 1990 及 Teri & Gallagher-Thompson, 1991 對於以行為治療來與失智老人工作的相關研究整理）。心理治療及行為治療兩者的理論與實務，都對老人心理治療持以正向的支持態度。

近來，經過控制而完成的研究，證實心理治療對晚年憂鬱症病人的有效性。最近所做的後測分析（meta-analysis）顯示，心理層面的處遇方法（平均離差＝ 0.78；Scogin & McElreath, 1994）與抗憂鬱症藥物（平均離差＝0.57；Schneider, 1994）對治療憂鬱症的老人有大致相等的效果。個別的心理教育及家屬的喘息服務被發現可以減輕失智症病人家屬的壓力（平均離差分別是 0.58 及 0.63；Knight, Lutzky, & Macofsky-Urban, 1993）。一些研究直接比較心理處遇方法及藥物治療的效果，他們根據案主對其心理狀態的自我陳述，發現心理處遇具有與藥物治療同樣的或甚至是更好的效果，並發現案主大都希望可以停止藥物治療（Beutler et al., 1987；Sloane, Staples, & Schneider, 1985）。心理治療不會對老人的情緒、認知，及健康產生副作用。心理衛生服務對老人的有效性已獲得證實。

心理治療師是否迴避與老人工作？

如果心理治療證實對老人是有用的，為何大家普遍認為治療師對老人有偏見而且避免與老人工作？關於治療師的悲觀態度及偏見，我的研究發現到，其實我們誇大了心理治療師的負向態度對阻礙老人接受心理治療的影響。至少在公立的心理衛生單位，管理政策是更重要的決定因素（Knight, 1986a, 1986b）。一九八〇年代晚期老人醫療保險（Medicare）的改變，證實了醫療保險的給付政策是心理衛生相關人員是否有意願與老人工作的主要決定因素（Gatz & Smyer, 1992；Knight & Kaskie, 1995）。

雖然心理治療師之間對老人的態度明顯地有相當的差異，且這些差異可能會對心理治療的其他層面產生影響，但抗拒對老人提供心理治療，主要還是因為保險給付政策及大部分的心理治療師缺乏與老人工作的訓練（Gatz &

Pearson, 1988）。從我擔任治療師的諮詢顧問及為他們提供在職訓練中，我得到的印象是，心理治療師對老人的抗拒有許多是來自面對老人時所產生的焦慮，以及擔心被老人認為缺乏專業，而不是來自於對年齡的偏見。心理治療師的焦慮對他們與老人工作時所產生的影響，將會在第四章「反移情作用」中討論。

治療師對老人的悲觀態度及刻板印象，會對治療的其他重要層面產生影響，包括治療師對案主的診斷及對案主的期待。Dye（1978）、Settin（1982），及 Perlick 和 Atkins（1984）在其各自對治療師的研究中，很有說服性的證明案主的年紀會影響治療師的診斷。後面兩個研究使用短文來對治療師做測試，在文字中案主只有在年紀上有所不同；他們發現當有相同的症狀描述時，治療師會給年紀較大的人較嚴重的診斷（器質性的腦部問題或精神病 vs.憂鬱症）。可以料想的，治療師的態度也影響治療師其他層面的行為及各種治療過程中的變數。雖然治療師的態度並不是老人被排除在心理治療之外的主要因素，但它卻相當地影響治療的品質。

調整心理治療以與老人工作

如同我們所看到的，數十年的臨床經驗及許多經過控制的研究，讓我們有理由可能對治療抱持樂觀的態度；同時也並不是所有的治療師都厭惡與老人工作。也許這正是一個基礎，可以讓我們從心理治療是否對老人有用的這個問題，轉移到心理治療是否需要為老人加以調整。以前一章所討論的老人學基本研究發現為基礎，接下來的討論將會探討為了能成功的與老人工作，心理治療所必須做的一些改變。心理治療可能需要因應成人階段所發生的發展性改變、世代影響，及老人特定的社會情境而加以調整。這三個造成老人改變的主要來源，對於心理治療該如何因應老人的特性而在本質及範圍上加以調整，各自代表著不同的涵義。晚年生活的特定挑戰形成心理治療調整的第四個基礎，但這個「特定」指的是特定的問題而不是特定的案主。這些以問題為導向的議題將會在第六及第七章詳盡陳述。

發展性改變會影響所有的老人，而且這些影響長期下來是相當的一致。如果大部分的心理治療調整是因為發展性因素，那麼老人心理治療可能會與年輕成人的心理治療有所不同，就如同兒童心理治療的情況一樣。每個世代因為世代影響所帶來的改變各不相同，所以心理治療的調整必須隨著不同世代的老化而不斷更新。心理治療依據世代差異所做的調整，意味著適用於某個世代的特定技巧，隨著該世代的老化，該技巧仍會持續有用。然而，心理治療同時也必須隨著其他不同世代的變老而加以調整，也必須對錯過心理治療早期發展階段的世代——現在的這代老年人加以調整。因為老人的社會情境而必須對心理治療所做的調整，是特別指那些處於特定社會情境的老人：退休者、鰥夫或寡婦、住在年齡區隔住宅的老年人、住在機構的老年人等。心理治療的調整必須對老年人的社會定義及情境的改變做回應。

因應成熟所做的調整

第一章的老人學概論認為認知過程的緩慢、認知能力及記憶力的改變、情緒複雜性的改變、有機會發展豐富的人際知識等，是每個人隨著老化所會產生的一些發展性改變。成人階段的成熟大多被刻畫為具有穩定性，或者其所帶來的改變是正向的，負向的改變往往不多，對社交上的重要功能並沒有太大影響，並藉著使用其他完整的功能來彌補負向的改變。此外，不論是個體與個體之間，或是個體內的不同特性之間，成人的發展性改變並非存在著一致性。成人發展性因素對心理治療實務所產生的潛在性影響將於以下討論。

遲緩

常態老化所產生的認知過程遲緩，會隨著許多慢性疾病而加重，這種遲緩將對老年人及年輕人之間的溝通產生顯著的影響。如第一章所提及，晚年運作記憶的降低，會對處理對話及文書資料產生類似的影響。老年人認知的遲緩對溝通所造成的影響，在下面幾種狀況會特別地顯著：年輕的治療師有時間上的壓力，或者有些急躁；老人有伴隨著憂鬱或過度的緊張所產生的額外遲緩，或者有其他會造成心理動作（psychomotor）遲緩的疾病。不論是哪一種狀況，我的建議都是很明確的：如果在溝通上出現不明確之處，年輕的治療師應該放輕鬆並且把對話的速度放慢。雖然這聽起來好像是容易且應該的，然而從觀察年輕人與老年人的對話，我發現到年輕人對溝通產生問題的反應是會變得更緊張，而且講得更快。在治療師忙碌的一天中，放慢速度需要一些有意識的努力，及一些深呼吸來放鬆，並可以從治療師結束一句話到案主開始回應前的這段時間在腦海中數數，以放慢速度。

將治療的速度放慢，會造成治療師與老年案主對話的速度相較於與年輕案主工作時慢很多，包括每句話的進行速度，還有治療師及案主間的對話反應時間。快速度的談話通常會導致不正確的溝通，及一再重複的必要。治療師與案主工作時必須特別注意會談的速度，並可能需要積極的抗拒因為時間壓力、焦慮或興奮而導致談話速度過快。

如果沒有用其他方式來彌補老年人認知能力的遲緩，以達到治療目的所需的會談次數來看，我們可以預期老人整體的治療過程比年輕人慢很多。到目前為止，對於老人心理治療所需花費的時間，尚未有系統化的評估。非正式的臨床報告則描述了各種可能的結果：老年人需要更多時間、同樣的時間，或是更少的時間來達到治療目標。由於缺乏系統化的評估，我們無法確定這些差別是因為案主、治療師，或是治療師的技巧所引起的。我個人的臨床經驗則是：與老年人的個別會談可能會「覺得」緩慢，但就整個治療過程的會談次數來看，老年人與年輕人並無不同。一個以治療師角度來看案主改變的研究指出，老老人（old-old）比起年輕人需要更多的會談次數來達到治療效果（Knight, 1988）。

記憶力

如同第一章所說的，常態老化過程對記憶力的影響（由於疾病而造成記憶功能受損的狀況不存在之下），在自發表現（spontaneous performance）上所產生的改變大於記憶容量的改變。當然，記憶表現能力的改變對治療師而言是很重要的。然而，老化的研究再度確認，老人在面對有意義及組織架構良好的資料時，其記憶能力似乎並沒有衰退。甚至在某些研究中，在意義及組織方式相似的資料上，老人的記憶力勝過大學生（見 Craik & Trehub, 1982）。

晚年運作記憶容量的改變（Light, 1990）可能也需要治療師在與案主的溝通方式上做一些修正。運作記憶是記憶主動處理資料的能力，也是記憶可以同時容納並加以處理多少事情的能力。這個有限的資料儲存庫的容量可能會在晚年變得較小。如果真是如此，它解釋了為何老人對談話內容理解能力及問題處理能力會有所改變。這兩種改變都可以藉由放慢談話速度、簡化說話句子的架構，及把問題分解成小片段來呈現等而加以彌補。這些治療方式的改變，對處理以世代為基礎的影響因素也可能很重要。傾向用一堆專業名詞，或是把談話弄得很長及很複雜的治療師，在與老人進行治療時必須要修正他的風格，特別是對老老人更需要如此。

當然也有些老人患有記憶力方面的疾病。這些老人往往是住在社區中，而且沒有感受到自己記憶力的衰退。也有很多老人在客觀上記憶力並沒有問題的狀況下，擔心及抱怨記憶力的衰退。這兩個事實告訴我們，治療師能夠正確評估記憶力受損或轉介案主接受記憶力評估，是非常重要的。這個主題將會在第五章有更進一步的討論。

流動智力與固定智力

在某種程度上，心理治療的方法大多是採用個體對自己及世界的認識，因此發展上的老化對心理治療的過程不太可能有任何的影響。與流動智力相關的活動大多與時間有關或牽涉到需要視覺介入的處理過程。推理過程通常與流動智力有所關聯。如果推理能力隨著老化衰退，這衰退可能會對治療產生影響。遇到這類的老年案主，治療師在治療方法上所需的改變，會類似於與教育程度不高的案主工作時所需做的改變。也就是，治療師可能必須使用更多具體的例子，並由治療師自己來做更多的推理工作，而不是仰賴案主去思考治療師的抽象解析（abstract interpretations）之涵義所在。將以上處理問題的能力、運作記憶、推理能力的改變放在一起來看，這建議治療師可能需要在治療中減緩學習新資料的速度，並且將新的重點不斷的重複。這些治療上的改變會依每個案主的狀況而有所不同，並且代表著治療師必須依據案主的能力程度來提供治療，而這些治療概念在心理治療是永遠正確的。治療師如果有與來自不同的教育及學識背景的案主工作過，可能就不會認為對老年人進行心理治療時所做的調整，有別於對其他類型的案主所做的調整。

擁有專長知識及更高的認知複雜度

大體而言，老人經過整個生命所發展出的專長知識，將會成為治療師與老人進行治療工作時的一項資產。對於尋求心理治療來解決的問題，老人通常擁有一些相關的專長知識。他們多年所累積下來的對人及人際關係的了解，都可以被用來處理現在的人際問題。治療師可以針對老人的這項特質，在下列方面對心理治療予以調整：第一，治療師在與年輕人工作時可能較習慣鼓勵他們去探索自己，以去發現未被開發的力量。在此將其轉換成幫助人們重新喚回及使用早已存在的力量，並不是一件困難的事，但卻是不一樣的經驗。第二，與比自己還有經驗及某些方面懂得比自己還多的案主工作，對治療師而言也是一種觀點的改變。對一個開放自己去向案主學習的治療師而言，可能會因此而覺得很興奮；但對於不確定自己能力的治療師而言，這卻可能會帶給他們焦慮。

當老年人的確具有極高的認知複雜度與後形式推論能力，這些特性有可能會對心理治療有所幫助。能夠懂得欣賞生命的浮沉，接受別人的觀點，及能夠基於文化、宗教，及家庭的差異去欣賞不同的想法，這些都將會有益於治療工作。就老人的專長知識而言，當治療師與一位比自己懂得還多的案主工作時，他可能會感到不安。有些時候，老人會對你解釋他們如何解決一個問題，或他們對某個人際事件的了解，是因為這些問題都在你的理解能力之外。舉例而言，父母如何協調與成人子女間的「成人對成人」的關係，但同時心中卻仍把這個成人子女當成小孩子，並且深深覺得需要去保護他，我對這種關係的了解就是來自案主對我的解釋。同樣的，擁有子女和擁有孫子女這兩者之間的差別，我的了解大多是來自於與老年案主的治療對話。

晚年情緒的改變

就如前一章所說的，晚年的情緒被認為比較複雜但可能會較不激烈。大體而言，我的經驗是老年人的會談與年輕人的會談比起來，情緒表達較少。老年人較不傾向哭（特別是啜泣）、生氣的吼叫，或因為喜悅而情緒大幅度地震盪。他們通常對生命事件有著複雜且混合許多種情緒的反應。老年人與她中年女兒的一場爭執可能混雜著生氣、悲傷、罪惡感，及驕傲等情緒；但同樣的一件事對一個較年輕的案主而言，可能只會有上述其中之一的情緒。

關於老年人的臉部表情對這些複雜情緒的表達，我個人對從案主的表情來讀他們的情緒並沒有太大的問題，但這可能是因為在我成長的過程中，有許多與老人相處的經驗，因此我不需要試就已學到這些技巧。當我可以清楚感受到老人非口語行為的表達時，我卻注意到一些接受我督導的治療師或尚在訓練中的治療師，他們無法辨識一個老人到底是悲傷還是生氣。無疑的，治療師通常需要在案主尚未能了解自己的感覺時，就要有能力可以先辨識出案主的情緒。此外，治療師也要準備好去面對案主潛在性複雜情緒的呈現，並且不要把案主所表達出的第一個情緒就當做是他的感覺的完整版本。

從成人到老年階段的人格改變及穩定性

晚年「人格五因論」（Five Factors of Personality）的相關穩定性已被完整的建立，特別是男性。換言之，人們至少到晚年初期甚至到更晚的階段，在內向性／外向性、合作性、對經驗的開放性、可靠性，及神經質等人格的向度上，在人口群上會保持同樣的評等。奧克蘭研究發現，女性可能會在中年期結束及晚年初期開始的階段，經歷一個人格轉換及重組的過程，且這人格的改變可能會累積到變得顯著；但這發現仍然是很爭議的。在這人格發展的概念中，並沒有事實可以證明心理治療在晚年會比較困難。從老人雙性特質的概念來看，男性老人會比年輕男性對心理治療更加開放（見 Brody & Semel, 1993）。

許多心理動力的治療師認為，當人們進入晚年時會自然的增加對其他人的依賴——回到第二個童年（second childhood）。臨床報告則顯示各種不同的看法。一些報告（如：Hammer, 1972）認為老年案主比年輕案主有更多的依賴。另一方面，Rosenthal（1959）提到案主使用年齡為神經質及依賴行為的藉口，以做為一種操縱的手段。從以上研究來看，老年人所增加的任何依賴，其實是身體長期的孱弱所帶來的結果，而非是發展性老化以「第二個童年」的型式所引起的。之所以會有這些不同的研究報告，正是因為往往沒有去考量到老年案主的一些特性，究竟是年齡因素還是疾病所引起的結果。依賴性的增加是在各個年齡都會有的一種對疾病的常見反應。

Neugarten（1977）曾做過一份晚年人格發展的重要研究，他的結論是晚年人格的向內性將提高。向內性指的是在內在心理上傾向變得更加的內省及關心生命的意義。它與社會互動或其他的活動層級無關，因此與穩定的內向人格特質不同。增加的向內性應該會使治療師更容易協助案主去做內省的工作，而尋找一個人生命的意義也正是心理治療中一個重要的成份。這種改變可能正解釋了 Rechtschaffen（1959）所提的，老年人對心理治療解析的極高開放性；對於這種開放性，我的治療經驗是老人對治療工作的抗拒大致上是低的。老人逐漸增加的向內性可能彌補了上述的會談速度的緩慢，也說明了老人與年輕人治療時間長度相等的原因。

依世代基礎所調整的心理治療

如同前一章所提到的，年輕人和老年人之間許多的不同是起因於世代間的差異，而非是發展性的改變所造成的。這些差異包括各世代間的認知能力、教育水準、偏好使用的詞彙、常態的生活步調，及個人生命故事背後的社會歷史情境，這些都對心理治療需因應老人所作的調整具有一些涵義。這些老人在這個情境中適合被描述為「早生世代的案主」（earlier born clients）。這種說法強調心理治療的調整是基於一個人出生的年代，而不是一個人現在生命歷程所處的位置。

老年案主可能因為世代的關係而在認知能力上有所不同。並非所有的差異都有利晚生的世代，雖然有些的確是。這些世代差異顯示早生世代對空間感及推理等能力較差（例如：見 Schaie 的研究，1990）。這些差異會需要治療師改變在治療中使用視覺想像，並且許多對治療的「徹底思考」需要由治療師本身來完成。

因為早生世代的教育程度不高，所以治療師應減少對抽象概念的使用，使用較不複雜的專業詞彙，也比較無法去期待案主會分享心理學的世界觀。老年案主可能需要較簡單的語言來描述心理治療過程，及需要治療師對心理治療本質做更多的解釋。這些心理治療方法因應老人所做的改變，與心理治療因應社經地位較低的案主所做的改變相類似（Goldstein, 1973；Lorion, 1978）。將心理治療方法改變的焦點放在世代不同及教育程度的差異，這提醒我們在不久的未來將會有越來越多高教育程度的案主逐漸變老，所以並不是所有的老年案主都需要這種因應教育程度而對心理治療所做的調整，只有教育程度不高的案主才有需要。

世代間詞彙使用的改變是比較難以捉摸的，這也提醒治療師必須去注意詞彙在各個世代間的不同使用方式。這就好像與來自不同文化背景但英語流利的案主進行治療一樣，必須去注意他們字彙的使用方式。也就是，案主和治療師可能說同樣的語言，但卻不見得是講同樣的事。在我剛開始做治療工作時，我喜歡使用"dementia"（導因於器質性或功能性的心智受損）勝過"senility"（因為年老所造成的心智衰退）。許多案主明顯的對我的辭彙喜好有負面的感覺。當我詢問他們怎樣來解釋我的用語時，我才了解在他們年輕時 "dementia" 這個字是用來代表類似現在的精神異常（psychosis）。我也發現到女性的老年案主不喜歡使用"anger"（憤怒）這個字，比較好的策略是使用他們的字，如"irritated"（被激怒的）或"frustrated"（沮喪的）而不是去堅持讓他們使用我的語言。

生活型態會隨著世代而改變，然後有時候又會再改變回來。想要了解對案主而言什麼是常態的，需要對這些世代的差異有充分的了解。治療師如果沒有注意到在一九三〇年代許多人延後步入婚姻的時間，他可能就會過度解釋案主很晚才第一次結婚的現象。而相較於一九九〇年的標準，在一九四〇年代初期，情侶通常在他們進入婚姻之前的認識時間並不長。另一方面，如果案主是在二十世紀初或稍後成年的，晚婚或不婚的決定可能就會是探索他們尚未透露的生命史的一個重要線索。晚生的治療師可能會遺漏掉這樣的線索，而以一九九〇年代的標準去解釋一九二〇或一九四〇年代年輕成人的生活。

對於生命事件的價值觀，世代間各有不同。有一位案主質疑我和另一位晚生世代的團體治療師，是否可以了解她父母的離婚及身為一個父母離婚的小孩對她所造成的影響，因為我們是在一個離婚率較普遍且社會較能接受離婚的時代下成長的。我們確定地告訴她我們有警覺到這些差異（因為我們兩個都有離婚的雙親，我之外的另一位治療師在離婚後撫養著小孩，但很少聽她談到離婚有多可怕）。我所注意到最一致且戲劇化的改變之一，在於二十世紀早期結婚的案主對婚姻幸福並沒有與晚生世代有著同樣的期待。他們評估人際關係的方式非常不一樣，且對個人的自我實現及幸福並沒有抱持期待。這並不是表示他們期待不幸福，他們只是不以幸福去評價婚姻。

將案主的生命放在歷史的洪流中，如此將會有助我們了解案主的生命史。也就是，在某種程度上，與早生的世代工作意謂著我們必須了解二十世紀歷史的輪廓，特別是那些對個人或家庭有顯著影響的事件：第一次世界大戰、第二次世界大戰、經濟大恐慌、一九二〇年代來自歐洲的移民潮、爵士樂年代、激進的及保守政治的起浮、道德思想及其他等等。我發現我自己不斷的在做心算以了解案主的生命歷程，及其如何與歷史的時間相容。也就是說，我把「我在結婚後的第十二年換了工作」轉換為「這表示他當時三十四歲，所以那就是一九四四年。為何他沒有參與第二次世界大戰？」在社會學對老化概念中，以「多重的鐘」（multiple time clocks）描述生命歷程，來追溯這個人是在生命週期的哪個階段，並且把他放在歷史的洪流中來看歷史與他的關係（並且從隨著時間而變化的家庭情境來看案主的角色改變，見 Bengtson & Allen, 1993）。

當治療師與這些早一輩的案主工作，且這些案主的生命是由治療師所未經驗過的事件所刻畫出的，這些歷史及社會的改變，對治療師而言可能是一大挑戰。它意味著治療師對歷史多少需要有一些了解，但這種了解在心理治療師之間並非完全普遍。不過，許多治療師所需要知道的歷史事件其實可以從案主那裏學到，特別是因為所有個案的真正議題，在於案主如何理解這些歷史事件對他所造成的影響。我們必須去詢問案主這些問題，然而我卻常發現年輕的治療師因為害怕顯示出他們對某些歷史事件的不了解，或害怕引起案主注意到治療師與他們之間的年齡差距，而不願意去問這些問題。整體而言，我發現案主其實感激治療師詢問他們這類的問題，而且覺得在向治療師解釋治療師不知道的事件後，對整件事件的影響更加清楚。

世代的差異提供一個基礎去思考老年人為一「特殊的族群」。如同我們早先提到的，老年人所呈現的問題，就如那些英語流利但成長於另一個文化的人一般：不只是同樣的字彙卻有不同的使用方式，更重要的是案主的經驗根基於一個我們所不熟悉的社會情境，而且其經驗可能受到與我們不同的價值觀所影響。同樣的答案可以應用到老年人身上：敏銳的去注意到一些線索，以了解案主以不同方式使用詞彙、注意到彼此不同的文化背景，並且願意建設性地將自己的無知轉化為學習案主的經驗。在與早一輩的案主進行治療時，案主不是來自與治療師不同的地方，而是不同的時間。

基於老年人的社會情境而調整的心理治療

美國老年人居住在一個專屬於老人的特定社會環境裏（當然並不是所有的老年人都是如此），我們必須要去了解他們與這個外在社會環境的關係。這個概念及從而衍生出的處遇方法，是根源於社會學習理論（social learning theory）。社會學習理論強調人與環境的互相關聯，並強調了解此兩者的需要，以計畫合宜的處遇方法（Bandura, 1977；Rotter, 1954）。從這個概念來看，這些「老美國人」是被社會政策及一般大眾的刻板印象所創造出來的。老年人通常都退休了，也因此生活在有限的經濟條件下。他們的醫療決定通常是受限於醫療保險的規定。他們大多

（雖然不是我們所想的那麼普遍）住在年齡區隔的區域。男性大部分都結婚有伴，女性則大部分獨居；這個不一致對男性及女性的晚年製造了壓力。社會對老年的刻板印象，意謂著許多老年人發現他們與其他人的關係，包括與其他老年人的關係，是被一些錯誤的概念所支配著，例如「所有的老人都會有阿茲海默症」，「所有的老人都是孤立及寂寞的」，「老人是（或者「應該要」）無性的」或「老年人是貪婪古怪的」。

對於老年人的次文化，治療師有三項關注焦點。第一，治療師必須去了解我們的社會如何以各種不同方式增加老人生活的困難，以及因此創造出一些心理治療師嘗試要改善的老年人之情緒問題。如果治療師沒有去探索次文化及正式與非正式的社會政策，當案主實際的感受到被侮辱或歧視，或案主的心理狀態明顯的有焦慮及妄想的可能時，治療師通常會感到困惑而無法了解。第二，治療師必須了解案主所居住的社會情境，以藉此能夠了解案主並且有效的與他工作。老年案主的居住、醫療照顧，及休閒娛樂等團體之社會生態，會影響其自我概念並塑造出其行為的選擇。第三個原因我們將會在這章的後半部討論，強調治療師應該對老年人所處的社會情境有足夠的了解，以在需要的時候能夠積極地幫助老年案主。

以老人居住環境做為社會情境之例

各種不同的老人居住環境，是老人生活方式中的一個重要成份。除了了解這些環境的硬體條件及他們所陳述的目標外，治療師必須去了解其特定的社會生態，以能去精確的了解案主，並了解問題的來源是在於案主還是其居住的環境。針對護理之家的心理處遇方法所做的研究，常常強調護理之家所呈現的組織方式造成老人過度的依賴及剝奪了他們日常生活的決定權（如：Baltes & Reisenzein, 1986；Rodin, 1986；Schulz & Hanusa, 1978）。處遇方法如果能提供案主較多的獨立或自我掌握，常常可以影響案主的認知功能、死亡率，及情緒狀態。如果處遇沒有繼續，則這些影響的效果會相反（見 Schulz & Hanusa, 1978）。這些處遇方法強調該被分析及修正的是環境，而非是老年案主。晚年的問題常是來自於社會情境，而不是老年人本身。

另一種居住型態是獨立、健康的老人所居住的年齡區隔的住宅，這些老年人的生活也有其特性所在。這個類型的老人包括老人公寓的居民、拖車住宅駐紮公園的居民、單親家庭住宅的居民等，這些型態的住宅都恰好是年齡分隔的。年齡分隔的環境把除了年齡之外（而且年紀差距大概在三十歲左右甚至更多），沒有其他共同特點的人聚集在一個相當親密的場所。這些場所通常沒什麼隱私權，鄰居看著每一個來來去去的人。另一方面，這個地方居民通常沒有什麼互動。

在一次提供諮詢的經驗裏，我們發現許多老人公寓的老年居民相當的寂寞，特別是在夜裏。整棟公寓是封閉的，並為了安全而上鎖，所以不論是白天或晚上，公寓的居民都可以在任何時刻安全的互相拜訪。但是他們之間並沒有任何的拜訪，他們也沒有興趣去增進彼此的互動。許多的居民單純的只是因為不喜歡彼此，或是害怕如果在這棟住宅內發展任何的友誼會招來太多的麻煩。一開始，諮詢顧問對此現象感到驚訝及疑惑，但進一步與居民討論後得到兩個原因，讓我們不再覺得「老年人這個樣子難道不怪嗎？」第一個原因是了解到在我們諮詢的那個地區，任何年齡的人大都不與鄰居交往，特別是同一棟公寓裏的鄰居。第二個原因是了解到（這是由其中一位居民指出的）公寓裏的許多居民以前從未曾住過公寓，或是未曾與沒有親屬關係的人有過如此親近的接觸。這些老一輩的世代，過去總是與家人住在獨立的住家裏，直到晚年才變成公寓的居民。也因此他們大部分的社交對象是公寓外的人。與老年人工作的治療師必須了解，老年人如果居住在各種年齡層的人都有的住所，他對寂寞及孤立的抱怨可能是相當正常的。但若因此要求案主去與公寓鄰居建立友誼可能是相當不實際的；而建議老年人搬到年齡區隔的住宅以便在社交上較不孤立（對於與老年人工作的新手而言，這不是不常見的建議）則可能是不智的。

居住環境只是老年人生活方式的許多特性之一。美國老人福利法（Older Americans' Act）所補助的方案及其他老人社會福利服務，共同創造了一個充滿各種特性的多樣化社會環境，包括集體用餐方案、老人文康中心、銀髮志工服務，及各種不同的諮詢與倡導的機構。對許多老年人而言，醫生的候診區、醫院的急診室，及其他醫療照顧環境，也都是他們社交的主要出口。曾經嘗試與忙碌的醫師聊天的讀者們，一定可以了解醫師及病人兩方所可能有的挫折感。為了讓治療師可以有效的發揮功能及了解案主的談話內容，能夠對每一個環境有些接觸將會很有幫助。治療師（或是正在接受訓練的治療師）最好是在卸下專業的角色下去拜訪這些機構，並且能多用一些人類學的角度去作一個「參與觀察者」（participant observer）。

積極的幫助老年案主

如同我們早先提到的，了解老人所處的社會情境的第三個理由是：對老人服務網絡有充分的了解，將可以使治療師在老人有需要之時提供積極的協助。大部分對老人心理治療的討論強調——而且是正確的——老年人所面對的問題有著複雜本質，且治療師有必要對老年人生活中非心理性的領域提供處遇（如：Knight, 1989；Sherman, 1981；Zarit, 1980）。依據作者們的研究重點而定，他們分別討論了對老人做個案工作的必要性、從生理－社會－心理的模式來與老人工作的必要，或者是需要有更多科際整合的觀點來與老人工作。如同這整本書所強調的，老人的生理醫療及社會問題可能比年輕人更顯著，然而我們並不清楚是否只有老人才需要治療師去考慮其非心理治療的需要。我們其實也常為其他可能呈現複雜需要的案主，倡導將個案工作及心理治療結合的需要，包括兒童、少數族群，及低社經地位的案主。

「個案工作」（casework）這個名詞，可以用來指包羅萬象的活動，它在此處代表的是治療師為老年案主所進行的兩種活動：第一種是當案主有非心理治療可以解決的問題時，提供案主其他可解決該問題的正確服務資訊；另一個是由治療師本人直接為案主提供個案工作服務。

轉介（提供其他服務訊息） 在為案主提供其他服務訊息時，治療師必須是根據正確的資訊。老人的服務網絡通常很複雜，對於案主接受服務的資格有著各種的規定，常常會讓人弄不清楚這些單位到底提供些什麼服務。舉例而言，提供給老人的交通服務在廣告上通常會說，他們提供老人所需要的各種型態的交通服務以保持老人生活的獨立性；然而實際上他們通常對他們會去哪裡（地理上的）、提供哪一種旅程（只有看病才可以），及哪一天有提供服務等有許多的限制。當你告訴案主他可以使用交通服務去店裏買日常用品，然後才發現所住的區域不在服務提供的範圍內，這對案主一點好處也沒有。我們也要注意有些服務提供給專業人員及案主的資訊是不同的。

每一個社區服務網絡多少有些不同。不論當地社會情境如何，治療師需要為案主尋找的重要服務如下：

1. 了解老人並且可以自在地與老人相處的醫生
2. 各種型態的老人住宅，包括老人獨立式住宅（indepen-

dent living）、技術性護理協助住宅（assisted living）、安養機構（residential care），以及養護中心（skilled nursing facilities）

3. 對失智症老人所提供的專門服務
4. 集體用餐方案或送餐服務
5. 老人文康中心
6. 老人日間照顧服務
7. 生活津貼補助
8. 交通服務
9. 以醫院為基礎所發展的服務方案
10. 法律服務，包括對無法獨立的成人或老人提供監護的相關規定及服務機構
11. 居家健康及居家照顧服務
12. 緊急服務，包括提供貸款、食物，或在天氣不好時幫經濟狀況不佳的人付暖氣費
13. 老人虐待的相關法令及保護熱線

要開始尋找當地的老人支持服務時，當地政府的老人福利科、公共社會服務中的老人服務方案、長期照顧機構老人的申訴服務（ombudsman programs）、自助團體、醫院負責出院計畫的工作者都是很好的資訊來源。記得要同時考慮政府及民間的資源。

有時候，我們可以很清楚判斷案主需要我們提供其他服務的訊息：案主所需要的服務觸手可及，而且提供這項

資訊是解決案主該議題的最簡單方法。相反地，在有些狀況，我們則必須判斷提供案主資訊以讓他自己解決問題，是否真的對他有利。曾經有個例子，案主有妄想及思考混亂的症狀，因為退休俸無法支付高漲的房租，而面臨被房東逐出住處。在治療進行過程，治療師積極地要幫助案主在公立住宅中找到一個住處。這不是一件簡單的事，因為房屋的供給遠小於需求。在治療師應付公立住宅官僚體制的這段時間，案主的精神狀態恢復到她可以自己來安排她的計畫：找了三名室友來分擔房租。這整個安排花了兩年的時間。

上述這個例子的結果，指出心理治療及個案管理兩者間價值的衝突。心理治療的導向大體而言是在增加案主的獨立，讓案主本身為自己做事及為自己解決問題；而個案工作則通常是藉著提供具體的服務來為案主解決問題。如同上述的問題所指出的，我們不容易知道一個功能受損的案主是否還可以獨立的為自己解決問題。這種價值衝突的另一端，是當面臨一個極端沮喪而好幾個禮拜都不曾良好進食的案主，治療師該考慮的到底是繼續治療，還是立刻轉介案主到送餐服務，然後等案主好好的吃了幾頓餐後再開始治療。

治療師如同個案工作者 第二種個案工作類型出現在當案主需要的不只是訊息的提供。治療師需要為案主聯絡機構，幫他們填申請表格，也許還需要與轉介機構爭執患有精神疾病的案主也有權利獲得他們機構的服務。案主也可能需要有人載他去看醫生或其他服務、修理眼鏡，或各種其他生活上的需要。與上述第一類的個案工作一樣，治療師需要先詢問是否有人可以幫忙，以及是否有合適的轉介資源。治療師還必須評估對於治療關係的影響：案主的依賴是否會以無益的方式增加？ 最後，治療師必須詢問案主的需要是什麼，評估哪一種解決方式是最省力的。也許沒有人可以做這件事，或者轉介所花的時間比治療師親自做那件事要多上十倍的時間與努力。

在為案主進行這些事的情境當中，一個明顯的主要困難在於，治療師及案主都必須清楚彼此的治療關係及治療的本質。對案主而言，通常他可以很容易的清楚知道有一些事對治療師而言是不尋常的，而且不是治療的一部分，但就狀況來看，似乎也不是個問題。如果案主不斷的要求治療師為他做一些事，治療師需要去探索該請求的意義及案主對治療師的看法，就如同治療師需要去探索案主為何不斷詢問治療師結婚與否。當然有些請求必須加以拒絕，並且給予案主解釋，也許還可以建議案主其他的可行選擇。在有些狀況下，拒絕本身即是一種對案主的能力及其個人價值的治療性肯定。

Lela

第一次看到 Lela 是在她從當地醫院的精神科出院後。她患有妄想性精神病已有很長的一段歷史，但她努力的待在社區並且工作了二十五年。最近幾次的中風影響了她的語言表達及行動的能力，所以她說話的速度很慢而且不清楚，走路的速度很慢且非常的費力。她對她的精神科醫生感到失望，而且不願意再見他。她也不願意看醫生，雖然她的腿有一個很大的膿瘡。提供居家健康服務的機構對於她的不合作以及她公寓的狀況感到很苦惱。她的公寓很髒亂，而且常聞得到一股貓屎的臭味。

逐漸的，治療師與 Lela 建立了信任關係，她同意固定的來會談。對於有一個人可以與她溝通，她的反應很好，並且感謝治療師對於她溝通速度緩慢的耐心，這部分包括當治療師無法了解她的談話時，她常常會用筆寫下她的回答。

在初期即產生兩個與個案工作相關的問題。第一個是居家健康服務機構要求將 Lela 安置在一個較健康的環境。治療師將居家健康機構所關心的問題解釋給 Lela 知道，並且尊重她想要留在自己公寓的想法。然後治療師對居家健康機構解釋在當地的法律之下，Lela 可以待在她現有的地方直到她自己決定要搬家。在幾個禮拜後，居家健康機構逐漸放鬆了他們對 Lela 必須要搬家的壓力。意料之中的，治療師的這項個案工作處遇，建立了他與 Lela 之間的治療關係。

第二個處遇是 Lela 需要老人醫療補助保險負擔她的看病費用。她不願意與居家健康機構合作的部分原因，是因為她擔心照顧費用。治療師於是連絡資格審核的工作人員，該工作人員表示過去 Lela 不符合老人醫療補助的資格，但現在可能可以。不過，該工作人員表示 Lela 惡名昭彰，因為過去在做資格調查時，當問到她一些個人的問題，她在言語上威脅工作人員並大發雷霆。經過一些討論，治療師澄清了一些狀況，他決定由他自己來為 Lela 申請醫療補助，並且隨後的確如此做了。

會談經過了幾個月，同時外在的壓力也消除了，Lela 她自己決定要搬到一個退休的住宅。在為 Lela 的搬家做安排時，治療師與社會福利單位的個案工作者之間所產生的一個問題是：「誰必須要幫 Lela 搬家？」治療師覺得這種層次的個人接觸將會破壞他與 Lela 所建立的正式治療關係的本質，而這份正式的關係對於維持 Lela 對治療師的信任是非常重要的，也是讓 Lela 獲得慰藉的必要元素。個案工作者則覺得因為是治療師開始 Lela 的搬家的過程，他應該要盡力協助這份「骯髒的工作」。這個僵局由 Lela 解決了，當問到她要如何來搬她屋內的東西時，她很緩慢的用筆寫下她自己已經聯絡的一個當地搬家公司的名字。再一次的，這位孱弱的老人對資源的掌握度被低估了。

在新的居住環境，Lela 的妄想問題已持續的改善。幾個禮拜後，她同意恢復她精神科的治療，並且在接下來的兩年回復到她一般的功能層次。

在轉介接受心理治療案主時，一個潛在的問題是違反對案主狀況的保密。有許多方法可以避免掉這種狀況。第一是把欲轉介的單位資訊給案主，由案主自己打電話。當案主自己不能打電話時，可以由參與案主事務的家人及朋友來與轉介單位接觸。如果案主的狀況由治療師來打電話會比較合適，案主必須被告知可能會有什麼樣的風險，而且必須取得案主的同意。保護案主的一個有用方法是去模糊案主的治療身份，只當作是在轉介一位有需要服務的老人家。在實務工作多年以來，我發現我常常比案主還擔心破壞了對案主的保密。然而我也發現到老人案主權益普遍的受到忽視，實務工作者沒有去保護案主的隱私及拒絕不合宜服務。當案主神智開始混亂，這個問題會變得更複雜（見 Grisso, 1994）；而在這章的討論，我們則假設老年人在認知上是完整的。

個案工作所衍生的一個很大的問題，在於這些個案工作對治療師的自我認同及價值所帶來的影響。當這些工作不是一般治療師角色的一部分時，有些治療師會對這些「低層次」的工作感到不符合自己的身份或覺得被侮辱。然而治療師也必須注意是否投資過多的自尊去擔心自己還沒有幫案主什麼忙，反而不是去看自己是否真的已為案主提供治療。在與老人工作時，一個常見的問題是治療師被吸引去為老人家做太多的事，並且停止治療工作而只偏好個案工作。老人的複雜需求似乎加重了治療師對於治療價值的衝突，並且引出治療師對治療的無力感。這些感覺都會讓治療師找到藉口去放棄真正的治療工作，而藉由個案工作去實際幫老人家做一些事。

摘要

對老人心理治療抱持樂觀的治療架構

回顧我們的討論，我們已經思考過老人治療工作的悲觀假設，也拒絕了此種看法。對於心理治療因應老人所做的調整，本章討論了以下三個看法來論證為何治療可能需要修正：

1. 從生命發展的觀點來看，心理治療的修正是必要的。因為隨著年老，成年人產生了發展性的改變。到目前為止，此觀點的結論是治療師需要放慢與案主的治療對話，以因應成人的發展性改變。
2. 世代差異指出不同時間出生的人們彼此間的差異性。我們有需要去了解歷史的背景及現在年老世代的價值觀，並且注意到這些世代差異是特別地屬於某個世代的人們。未來的老人當然會與現在的老人有所不同。
3. 社會情境的觀點指出，年輕人與老人的不同，導因於社會性因素所創造出的生活方式之差異，而這些差異其實是可修正的。這些差異特別適用於生活在一些特定社會情境的老人：退休的、住在年齡區隔的環境、變成老人權益的倡導者等的老人。

以上這些改變來源的討論，奠下了基礎去論證心理治療因應老人所做的主要調整，大都是來自於世代差異及社會情境的影響，而非發展性的改變。這個觀點使治療師接觸老人的任務變得簡單些，因為了解人們不同的生活背景，比了解本身尚未經歷過的生命階段要容易多了。這也讓治療師可以在他熟悉的技巧範圍內來了解老年人：大部分的治療師都接觸過不同的世代及不同社會背景的人們。此外，臨床經驗反映出老年人的正向人格特質會使他們非常適合心理治療工作：他們將廣闊的生命經驗帶入心理治療、他們豐富的心理活動歷史，以及退休後的生活方式讓他們更有機會多加嘗試新的東西。

老年人經歷過的歲月比年輕人長久，這也許是最明顯的事實可以用來說明老年人有潛力可以改變。這個事實意謂著老年人有著廣泛的生命經驗，而且有更長的時間來了解自己及別人。這個涵義對治療過程究竟是正向或負向，大多是取決於治療模式如何看生命週期的本質，及人們曾遭遇了些什麼樣的經驗。一些傳統及悲觀的看法認為，成人的發展歷程及不斷累積的生命經驗，會使他們的思考方式變得較僵硬及固定。一些與老年人工作的臨床工作者卻覺得其實效果是相反的：成長及經驗讓成年人學會更加的彈性及較不武斷，且更加意識到可以用不同的角度看生命。不過，就人生全程而言，這種改變潛力可能並非是持續性的；當許多的中年人發現自己是處在一個相對強而有力的位置上，但卻被家裏的父母、小孩及工作中的上司和部屬等來自各方的壓力所圍繞著時，相當可能會有一段時間思考變得很僵硬。

對於老人的治療性改變抱持著樂觀態度的另一個原因，是因為老年人有相當豐富的心理歷史可以用來進行治療工作。雖然因為治療時間的有限，治療師可能無法與老年人探討他所有的心理活動經驗，但探討生命中任何一個特定的主題，都可以產生多重的例子來提供治療師相當豐富的資料，這些資料可以幫助治療師了解該名案主是如何面對他生命中這個特別的部分。舉例而言，如果案主關心他生命中一些人際關係的品質，老年案主可以與他豐富的生命經驗中各種不同的人際關係做連結，包括：朋友、情人、伴侶、子女、各種工作場合的同事、孫子女，及其他人等。如果討論的議題是案主已經關切好一段時間的，然後大概案主就會有以各種不同方法處理此問題的成功或失敗的例子。治療的挑戰在於能夠盡可能地吸收所有的資訊，並且能夠以新的及有用的方法去解析及重新詮釋案主生活的資料，使其與現在的生活議題相關聯。

治療不只是單純的去了解自己及用新的觀點來看事情。一旦案主對自己的了解已達成了，通常他會開始需要做一些不同的事。當一個年輕的成年人在治療中了解問題所在，並且希望能在治療室之外持續他的改變，通常會遇到相當大的壓力而讓他無法持續他想要的改變。除了來自同事、伴侶、家庭等他人的壓力之外，工作上對精力的消耗、養家的壓力等等，都很可能會嚴重地降低一個人對於改變所可以奉獻的時間及精力。相反的，老年生活中有一些傳統上被認為是「失落」的部分，反而可以將阻撓改變的障礙予以移除。退休後的老年人有較多的時間，且相對的較少參與穩定或正趨穩定的社會環境，例如工作或家庭，因此使他們處於一個非常好的位置，可以探索各種不同的方式來付諸行動做自己。實際上，任何案主想要的改變都可以在選擇性開放、休閒時間增加，及社會壓力減少的情境下去加以實驗。

這種對晚年改變的可能性抱持著樂觀的態度，與一般人及臨床工作者對老年人的看法是相反的。這樂觀的態度來自於以老人學的知識來了解老化的過程，以及在各種社區機構與相當多的老人一起工作所獲得的臨床經驗。在老人身體健康良好的狀況下，與老人做一般的治療工作不僅沒有障礙，而且正向的因素可以使治療師從老人治療工作中獲益良多。

在討論了一些基本的老人學的概念以刺激讀者對老化及老年人的新看法，並廣泛描述心理治療因應老年人所做的調整後，我們要將討論轉到對治療工作的思考。初次接觸的工作之一是要開始與案主建立關係。因為老年人可能認為尋求治療是很困難的，而且可能對治療工作比較沒有準備，治療師需要有特別的技巧來幫助老年人在治療當中感到自在。這些技巧將是下一章的主題。

3

與老年案主建立關係

到目前為止，我著重在從治療師的角度來討論治療師與老年案主的接觸，介紹了從老人學所得來的基本研究發現，及一般運用心理治療來與老人工作的方法。就如第一章的心理治療師Q博士與G太太初次見面的故事中所提到的，老年人比一般成年人更容易抱著不正確的期望來尋求心理治療。事實上，這些錯誤的認知可能會成為老年人尋求心理治療或與治療師建立關係的主要障礙。本章將說明教育老年人辨認心理問題、了解心理治療過程的重要性，以及如何應用老人學的概念與老年案主建立關係。

尋求治療的決定過程

Gurin、Veroff 及 Feld（1960）描述了人們在與專業的心理治療師會面前所經歷的「三步驟」過程（見圖 3.1）。第一個步驟確認了問題來自心理的而非生理的（如：「我在有壓力的情況時會感到焦慮不安」相對於「我的心跳常常跳得很快」）或道德上的（「我因為重大壓力而感到沮喪」相對於「我沒有足夠的能力去自行處理生活」）。有些人根本不去區辨問題所在，而只是試著不去想問題。在 Gurin 等人所做的研究顯示，這個決定階段是一個受年齡所影響的階段，也就是，與年輕人比起來，老年人較不易去把問題標籤為「心理的問題」。 第二個階段為決定是否尋求幫助。在確定是心理上的問題後，許多人會決定自己來解決它，或等著問題自己消失。第三個階段是決定尋求專業人員的心理協助。在決定尋求幫助後，許多人會去找醫師、神職人員的諮商、自助團體，或找一本自助的工具書，而不是去找心理治療師。再次重申，在 Gurin 等人的有關第一個決定階段是受年齡影響的研究中指出，在確定問題的本質是屬於心理層面後，老年人與年輕人一樣會對外求助，並尋求專業人員的心理協助。

大體而言，許多最近的研究傾向認為，老年人並非抗

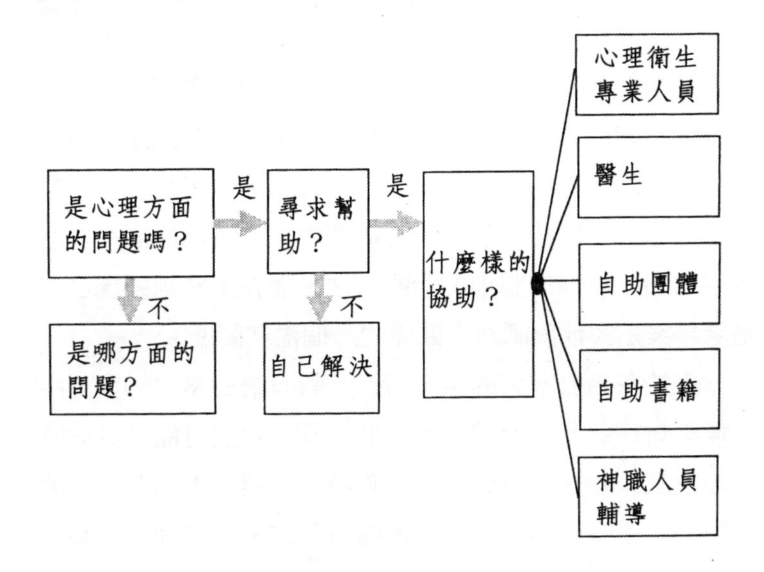

圖 3.1　是否求助專業心理師的決定過程

拒去使用心理衛生服務，而是他們無法去辨認問題是不是心理方面的，或是不知道有合適的心理衛生服務可以協助他們（Lasoki & Thelen, 1987；Powers & Powers, 1991；Waxman, Carner, & Klein, 1984）。在 Veroff、Kulka，及 Douvan（1981）對 Gurin 等人研究（1960）的後續追蹤則指出，心理治療未被充分使用是一個世代的現象而不是年齡的影響。這個觀點也受到 Koenig、George，及 Schneider（1994）的支持。

這些研究賦予心理衛生專業在與老人工作時一項重大任務：去教育老年人如何正確地辨認心理層面的問題。可以在社區老人團體中主講與心理衛生相關的主題來教育老年人，同時在心理治療時也可以如此適時的教育。老年人不像年輕的案主在尋求心理治療時可以很清楚的界定他們有心理上的問題，許多老年人在求助時仍認為問題是屬於身體上或道德上的。我曾在前一章提到這種老年人與年輕人在觀念上不同的例子，認為這種現象需要治療師在一些特定的治療層面調整他的治療方法。而在本章則強調這會是老年案主與治療師建立關係的一個潛在障礙。

對於在治療室裏的案主而言，教育是對案主一步一步解釋診斷症狀及治療邏輯的一個過程。案主可能來見你時抱怨睡眠問題、體重減輕、沒有精神、容易對朋友暴躁的發脾氣、過去好幾十年感興趣的事現在失去了興趣、胸口痛、精神無法集中。治療師可能會認為胸口痛應該去請案主的醫生再檢查，其他的抱怨則是憂鬱症的徵兆（評估會在第五章介紹）。治療師可能本身也具備一些有理論基礎的憂鬱症治療方法，而且可能傾向立刻開始治療。但對老年案主而言，最好先告訴他哪些症狀是因為憂鬱症引起的，憂鬱症是如何發生及持續下來的，治療可以如何減輕憂鬱症狀。如同以下對話所描述的：

治療師：（第一次會談即將結束前）我認為你有憂鬱的現象。

案　主：過去這幾個月我是覺得有些難過，但這可以解釋我為什麼感到累及不想見我女兒嗎？

治療師：可以的，感到累或虛弱是憂鬱症常見的症狀。睡不好或吃不下也是，還有你常常無法跟上電視的情節是因為你的精神無法集中，這也是因為憂鬱症所引起的。另外我很希望你可以去檢查你的胸痛。

案　主：我看過醫生，她說是因為神經方面的問題。……所以你認為所有這些症狀都與憂鬱症有關？

治療師：對，這一年你經歷了很多的事，會感到憂鬱是很正常的。所有你告訴我的情況都符合憂鬱症的症狀。我想一些心理治療會對你有幫助（接下來治療師解釋她的治療方法）。

案　主：你認為那會對我有幫助嗎？我現在不認為有什麼方法可以幫助我。

治療師：這正是我的工作。我曾與其他有憂鬱症的老人工作過，而且看到治療的成效。你覺得治療不會對你有幫助，是因為你的憂鬱症告訴你：一切都沒有希望，因為你患了憂鬱症。另外的原因是對你而言這是新的東西。要不要嘗試的決定在於你自己，但我很希望你可以試一試，並看看會有什麼結果。

有些案主可能需要治療師在整個治療過程中，常常重複這種教育的程序。

針對社區團體進行演講，可以有助於從心理層面來解釋老人所熟悉的問題，同時也可以接觸更多的老年人，並以團體的型式來對老人進行外展服務。在進行這些社區教育演說時，最好的策略是先從比較可以讓民眾接受的心理衛生話題開始，再逐漸移到更心理層次的領域。可以先由睡眠問題、如何與鄰居相處、壓力處理，或家庭溝通問題談起（見 Knight, 1989，有更詳細的資料）。當演講者逐漸與團體熟悉，而團體也對討論這些主題感到自在後，可以很自然也很容易的移到其他主題，如憂鬱症、有關記憶力的一些疾病、焦慮症，及談話治療可以提供什麼樣的幫助給老年人。告訴他們你不認為所有的老年人都有這些問題，但你很願意去幫助有類似問題的人以維持他們的獨立性，往往會是一個很好的介紹方式。因為還是有很多老年人把心理及精神衛生服務看成是一種長時間的住院治療。

教育案主心理治療

案主需要被教育什麼是心理治療，這種概念是在一九六〇年代隨著社區心理衛生運動而發展的，這使得大規模的低收入民眾第一次可以接觸到心理治療。很明顯的是，這些新案主對於心理治療的概念是不同於心理治療師的。他們之中有許多人在會談一兩次後就不再去接受治療，有許多雖然還持續接受治療，但表現上也不像是一個「好案主」。Orne 及 Wender（1968）發展一個「對心理治療的預期社會化」之模式（anticipatory socialization for therapy model）。他們的假設是所有接受治療的人們都需要訓練以知道如何做為一個案主。有些人可以從環境的潛移默化中獲得訓練，例如中產階級的人比較會從讀書、上課，或從認識的人來得知什麼是心理治療。但對於勞動階級或低收入的人，他們的社會環境不會有太多心理治療的資訊，所以治療師被鼓勵主動地針對這些潛在案主進行心理治療的教育。研究也發現，這些努力可以很成功地幫助低收入戶民眾做心理治療前的準備工作（見 Garfield, 1978）。

同樣的方式也可以被用來協助老年人為心理治療作準備工作。如同先前提到的 G 太太，老年人通常對心理治療並不了解，並且傾向會將心理衛生服務看成是精神病患的住院治療。依我的經驗，與其說是老年人對治療有主觀的偏見，還不如說是缺乏心理治療的資訊。不論是哪一種狀況，都可藉由預期的社會化模式來對案主進行心理治療的準備工作，解決對治療過程的不正確認識。

以下是可以提到的主要重點：

1. 並不是精神病患者才能從心理治療受益；心理治療可以協助我們生活的問題。
2. 你的心理治療師會和你一起為你的治療設下目標。
3. 雖然治療的長度視個別狀況而定，但通常不是只有一兩次的治療就可以看到效果（如果可能，可以在這裏提到症狀何時會減輕的一些可預期效果）。

4. 將你的問題告訴一個受過訓練的「聆聽者」，對你會有幫助。
5. 表達你的情緒可以為你的心情帶來舒解。
6. 門診治療表示一個星期花一個小時（或其他時間安排方式）與治療師一起針對你的問題來努力。
7. 在這裡的談話內容都會保密（說明保密的有限性：包括兒童虐待、老人虐待、意圖自殺、有傷害別人的威脅等）。
8. 收費是＿＿＿＿＿＿（說明保險的自付額是多少、收費調降比率、次數的限制等）。

前面的大綱表明治療對案主是有效的，解釋了會談的架構，說明治療為何會有效的一些主要前提，並且確認案主是否負擔得起費用。即使是在一個費用有折扣的單位工作，你還是不能假設老年人案主了解折扣或保險給付的辦法。為了確定案主了解，也為了與案主建立良好關係，不論處在什麼樣的醫療單位，治療師都有責任與案主討論收費的問題。

心理治療的預期社會化之模式可以在各種不同的治療單位進行。有些單位會在治療前進行一次面談來討論到這些主題。 有些單位把這些主題放在第一次的治療會談。有些會用影片、錄音帶，或幻燈片來說明，可能在這些說明中也會摘錄一些治療的片段。不管是何種方式，這都可以消除案主對心理治療的潛在錯誤印象。我的經驗是當心理治療可以去除專業術語，以淺顯的方式來說明，許多憂鬱或焦慮的老年人可以看到心理治療對他們的價值。

教育相關轉介資源如何使用上述的心理治療教育重點，可以幫助他們把轉介工作做得更好、更輕鬆自在。在我的印象裏，老人服務網絡的工作人員比老年人更加抗拒去討論或尋求心理治療。在許多情況，一旦老人服務的工作人員對轉介老人接受心理治療有足夠的信心，老年人即使沒有完全放心，也會高興可以與治療師談談他的問題。

如果轉介的來源是來自家庭成員，則會產生一些其他的問題。同樣的策略還是有用，但家人的諮商建議會受到好幾十年來家庭動力的影響，使得老年人不太可能接受這項建議。當建議來自家人而且遭受到抗拒時，有兩種方法可以增加成功的可能。第一種方法是每隔一段時間就繼續嘗試轉介，並且把這項不斷重複的努力看成是需要花幾個星期到幾個月才能成功的一個過程。另一種方法是請家庭外可以作轉介的人幫忙（家庭醫師、護士、個案管理者、朋友等）。不論何種情況，很重要的是轉介者要了解轉介的原因及為何諮商會有幫助，並使用預期社會化之模式的重點來教育老年人。

與老年案主建立關係

當案主已確認了問題是屬於心理上的，已尋求協助或被轉介，並進入心理治療的過程，治療師仍然面對著與案主建立關係的任務。每一種治療學派都倡導要讓案主感到放鬆，並了解他們的觀點，同理他們的感覺；然而治療師卻常懷疑自己是否有能力可以了解老年案主或同理他們。重新去檢視關於老年及老化的概念，將有助於建立一個了解老年案主的架構，以促進治療關係的建立。

發展性的影響

如同我在前面幾章所提到的，老年期主要的發展性改變是認知過程變得遲緩及運作記憶容量的減低。這些可能會影響會談時談話的速度，並且在教導老年人新的資訊時，需要治療師調整治療的步調，如：不斷的重複說明，及使用比較簡單的語言。不過，老年人隨著年齡而增加的內在深度、對心理治療解析的開放、累積的生命經驗與知識，足以彌補治療步調的緩慢。當然，治療師必須依個別狀況去調整進行的速度，以讓案主在治療過程中感到自在。

成人的個性進入老年期後呈現穩定狀態，代表著老年期的個性是之前生命階段的一種延續；這個概念提供了一個基礎，讓治療師有信心可以去了解老年案主並與他們工作。然而，治療師必須去探索案主自己如何看他的發展歷程。Schaie 及 Parham（1976）表示在客觀性測量上，人格並沒有隨著時間改變，但人們卻傾向改變對早期自己的看法。這種改變，多少與他們本身對發展性改變的認知相吻合。 Bengtson 等人（1985）在對自我概念的文獻調查中也指出，在自我的概念中，主觀的改變持續地大於客觀的改變。治療師應去探討案主如何感受到自己的改變，以作為了解案主的方法之一。我將會在「生命回顧」該章中回到這一點，並有更詳盡的討論。在此的重點是使用老化歷程的知識來與案主建立關係，並且修正案主對於老化的錯誤看法。

當案主感受到的改變已成為問題的一部分時（如認為自己衰老而導致自尊低落及心情沮喪），此時可能需要在治療時找個適當時機去挑戰他的認知。案主其他與發展有關的想法若未成為問題，則只需把它看作是案主自我概念的一部分即可。以下的例子將有助於說明治療師如何探索案主對於成人時期個人發展的看法。

案　主：（音調相當悲傷）自從我變老以後，事情就都變得不一樣了……

治療師：多告訴我一些有關變老的事。你經歷了什麼樣的改變？

案　主：你的意思是什麼？

治療師：你現在覺得不一樣；你覺得現在的你與中年時的你不一樣嗎？

案　主：以前事情比較容易，我有比較多的精力，在生活中我似乎有比較多的興趣。當然，也有比較多的事要處理。現在很難交到朋友，鄰居都搬走了，新搬來的年輕人有他們自己的生活要過……

治療師：有沒有什麼是正向的改變？讓你感到好的改變？

案　主：（看起來正陷入思考，然後隨著交談又活絡起來）孩子總是佔去我們很多的時間，尤其在他們青少年期的時候，實在是很難管教他們。現在很好的是我和我先生有單獨相處的時間。我們對生活有更透徹的看法，更多的智慧。我猜（她笑了起來），現在的生活並非都不好，但我真的希望我可以感覺好一些。

治療師：在我們生命中所經歷的許多改變，同時都有正向與負向的一面。當我們找出什麼對你是真正重要的，也許你就可以感受到更多正面的意義。

說明 治療師非常了解，案主所感受到的許多發展性改變，是因為社會角色的轉變及對生活的沮喪態度所造成的。社會角色會有所不同是受到她年齡層改變的影響。然而此時在治療的當下，治療師並不去挑戰案主的看法。治療師唯一挑戰的是案主隱約認為老化所帶來的改變都是負面的。

尊重老年人豐富的生命經驗與專長知識，可以避免治療師以為老年人是因為失智症而導致交談時不切題或凌亂無序。許多治療師（及其他年輕人）的確經歷過老年人在交談時離題及不斷重複一樣的話。老年人會不斷重複一樣的話有很多原因：第一，因為有很多年輕人假設老年人說話零亂無序，或不會說出什麼有用的話，他們常常並不去聆聽老年人說了些什麼，因此老年人必須不斷的重複他的話。第二，年輕人常常不能了解老年人所說的故事背後所欲傳達的訊息，所以老年人一次又一次的說。對這兩種原因，通常合適的方法是可以指出你以前已聽過這件事，並且有禮貌的問他為什麼再提到。大體而言，這樣的反應可以讓老年人覺得治療師是有認真在聽他的說話，才會記得他曾經說過這件事，老年人通常會因此而愉快的回答，並且接著解釋故事的意義。

老年案主無數的生命經驗，也代表著一個事件會讓案主再想到另一個事件，所以可能會因為太細節的敘述，或在一連串與主題不相干的記憶中，而失去故事的重點。當這情況發生時，治療師需要用積極的聆聽技巧去詢問故事的主要重點，或需要從會談過程的層次中找出這些相關記憶的共同部分，以抓住重點。所有的這些技巧都表示，治療師需要禮貌性的打斷案主，以維持會談的任務。通常治療師把這些技巧用在年輕的案主上都沒問題，但可能會覺得有些不習慣去打斷一個老年人的說話。

老人不斷重複一樣的話也有可能是因為精神疾病所引起的。躁症的病人，尤其是有強迫性行為的人，談話時會不斷重複一樣的話，並且過度強調細節。由於囉嗦、不斷提以前的事，是我們一般對老年人的刻板印象，導致我們在臨床上會忽略老年人可能有精神方面的疾病。精神疾病也會導致說話時前後文不相關、很冗長、急迫，及離題。雖然我們不能單以年齡為基礎來推論，但老年人的確有很大的可能會有記憶方面的疾病，需要相當仔細的評估與採取不同的處理方式。我將會在之後討論相關疾病對治療師與老年案主溝通時所產生的影響。

世代的影響

為了多了解案主，治療師需要探索案主身為某一特別世代成員的經驗。案主覺得什麼歷史事件影響了他的生活？相較於其他早生或晚生世代，什麼樣的價值對他們這一群人特別重要？這些事件如何影響他現在的家庭、朋友及鄰居的關係？ 這些都是了解案主對自己及別人看法的豐富資料來源。

治療師有能力去表達對過去歷史事件的了解，對與案主建立關係是相當重要的。真正欣賞案主那個世代的價值觀，是一個讓案主覺得治療師了解他在說什麼的好方法。對歷史有足夠的認識，可以幫助我們去了解早一輩的人經歷過什麼樣的事件，是在什麼時候發生的（例如：第一次及第二次世界大戰、三〇年代的經濟大衰退、移民潮、爵士年代）。了解本地的歷史也可以有助於與案主建立關係（例如知道在案主買這棟房子時這裏還是鄉下，但慢慢的發展成熱鬧的城鎮）。對老電影、老音樂等類似東西的欣賞或了解，也可以促進關係〔我曾經因為知道 Glenn Miller（譯註：美國知名流行樂手，1904-1944）及 Billie Holliday（譯註：美國知名爵士樂女歌手，1915-1959）是誰，而且可以說出幾首他們的歌，而與我的老年案主「搭上線」〕。如果這些事件對治療師而言是陌生的，而且在價值觀上也與治療師本身不一致，那麼表現欲了解的誠意，並且呈現出了解這些事與價值對案主的重要性，可以幫助治療師與案主跨越溝渠，建立起世代橋梁。

世代間的差異在嘗試了解老人時尤其顯著。然而在原則上，即使治療師與案主是不同年齡層的人，還是可以產生跨越世代的了解。當案主是一個年輕人，而治療師是中年人時（或反之亦然），有一些與我們這裡所討論的「年輕治療師－老年案主」組合的類似議題。接下來的例子，我們將說明治療師可以如何使用他對案主所處世代之生命經驗的了解，來與案主建立關係及更加了解案主。

治療師：（回應案主先前談到有關他的小孩）聽起來似乎你和你的女兒在金錢、儲蓄，及計畫上有很不一樣的態度，而且這造成你們很大的衝突。

案　主：你說得很對，她從沒有真正了解錢的價值。她從沒有經歷過我們小時候那種苦日子。

治療師：我猜你是在經濟大衰退那個年代長大的，我知道很多人在那段日子裏受了不少的苦。

案　主：（很驚訝）你的年紀還沒老到可以知道這些事！

治療師：這些事的確是發生在我出生之前，但我從其他個案及老人那裏知道這些事。

案　主：沒錯，我們真的必須很努力才能得到想要的東西。有時當我父親沒有辦法工作時，有很多東西我們真的都沒有。我告訴自己絕對不讓我的小孩也經歷這些事。

治療師：這是很正常的一種對困苦經驗的反應：你希望你的小孩有比你更好的經驗。當然，因為你的女兒沒有過你那種經驗，所以她的價值觀可能的確會與你不一樣。

案　主：（停頓了一下之後）是的，她的確與我不同，因為我保護她而且給她太多。（笑了起來）

我還是認為她是錯的，但我比較了解為何我們的意見會不一樣了。

說明 這位治療師藉著表現出讓案主出忽意外的了解，而增加案主對他的信賴。另一件小事是，這個例子也說明了一件並非不常見的事：雖然治療師是在經濟大衰退的二十年後出生的，但案主並沒有真的注意到這個事實。

社會情境的影響

老年人的社會角色之一是說話時常常沒有人聽，而且也有可能不被允許為自己表達意見。在許多臨床的晤談，老年人常常是由帶他來的家屬或配偶為他發言。很重要的是，治療師不掉入陷阱，不去容許他人為這些被認為是能力不足的老年人代言；相反的，必須持續地用良好的傾聽技巧，專注在案主身上。當案主了解到有人以對正常人的方式來傾聽及回應他的說話，有兩件事可能會產生：第一是溫暖與治療關係的激發，這除了是因為對治療師感到滿意之外，也代表一個重點是很少有人聽這個老人說話。第二個是有些說話時虛弱、重複或者離題的老人會變得「清醒」，說話會開始有邏輯及有條理，因為他這樣做的話，可以獲得治療師積極的傾聽。

治療師也可以去了解老年案主的社會情境，從案主身為處在一個特別的社會環境裏的獨立個體之角度，來正確認識案主。案主住在哪？他在住處是否有參與什麼樣的組織性團體？住宅環境是年齡混雜的，還是年齡分隔的？對老年人的歧視是否造成案主生活上的問題，或是對其自尊造成負面的影響？案主對其他老人的看法又如何？Harris（1975）的調查中發現，雖然很多老人對自己老化經驗的看法是正向的，但他們也和一般美國的年輕人一樣，對其他老人有刻板印象。當我們在認識一個老人時，很重要的一點是我們應了解他所處的社會環境。Butler 的《為何生存？》（*Why Survive*？）（1975）及 Frankfather 的《社區的老年人》（*The Aged in the Community*）（1977）對老年人社會環境有很好的描述。接下來的例子將說明一個次團體對案主的影響，以及治療師察覺到案主對其他老人的看法如何重要地影響著案主的自我概念。

治療師：你住在什麼樣的地方？

案　主：我住的是老人公寓，就是 HUD（譯註：住宅與都市發展部）會付部分房租的那種公寓（她說出公寓的名字）。

治療師：我去過那裡很多次，這對你而言是個不錯的交易，可以幫助你節省開銷。

案　主：你說得對，但我不喜歡那裡。那棟公寓裡的人並不是很友善，有三、四個人成天坐在大廳裏看人進進出出、閒言閒語的。而且，住在那裏讓我覺得自己老。

治療師：住在你那棟公寓的人，年紀大部分都比你大很多，這是你覺得住在那裏讓自己變得比較老的原因嗎？

案　主：是的，在我搬到這之前，我住的地方有很多比較年輕的夫婦，我們參與的那些團體有很多各種不同的人。但現在這個環境讓我覺得老……我的意思是，我想我的確老了，但這棟公寓的人似乎都放棄了生活。有些人的年齡與我母親差不多，而且他們的身體都不好。下樓去看今天有沒有信是每天最重要的活動。我不要變成那樣的老人。

治療師：你希望是什麼樣的？

案　主：能像以前一樣，我希望能與比較年輕的人交往，跟我差不多年紀的人或是更年輕一些……

治療師：你可以做到的，不是嗎？

案　主：（仔細的思考）我想我可以。只是因為搬家及我先生的去世奪走我很多的東西，我覺得這好像就是我現在應該要過的日子。也許我可以多去看看周遭的事，而且在我住的附近找到新的活動，認識與我有相同興趣的朋友。

（會談繼續進行）

年齡分層的社會角色

大部分成人生命階段的改變，可以看成是在社會所規範的年齡角色間的一種移動。就如 Hagestad 及 Neugarten（1985）所提到的，許多成人生活的社會角色是與年齡非常相關的，人們在這些角色的移動當中常會有「準時」或「不準時」的感覺。例如：事業的發展常常會與年齡有關。某人可能會被認為太年輕就當了中層主管，或太老還在當個送報生。家庭角色，如小孩、父母，或祖父母也是與年齡有關的；當這些角色的人變老，角色也會隨著改變。也就是，只要父母還健在，一個人身為子女的事實就不會改變，但成年子女的角色會與未成年的子女不同。

退休是一個很好的例子，它說明一個社會規範的角色被專橫的放入一個指定的年齡。喪偶（寡婦或鰥夫）雖然就本身而論不是與年齡相關的，但被認為是一個比較合適老年人的角色。去發掘案主擁有哪些角色，及這些角色對他的意義，是一個讓我們了解案主的豐富資料來源。在探索時的一個重點是，去了解案主覺得他們是「準時」還是太慢或太早去經歷他們特定的生命階段。下面這個例子描述了退休的影響，它讓案主感到自己「很老」。

案　主：我從沒想過會變得這麼老。

治療師：「這麼老」是多老？

案　主：看看我，我現在是個老人。你不知道這代表的是什麼，你還年輕。

治療師：我是沒有這樣的經驗，但事實是，你比我大部分看到的個案都還年輕。所以變老對你而言代表了什麼？

案　主：我不知道……自從我退休後我就覺得自己沒什麼用。

治療師：我猜你沒有計畫要退休。

案　主：是呀。我看到其他人退休，我也去聽聽有關退休的演講，但我從沒想過這會真的發生在我身上。

治療師：在工作之餘，你有其他興趣嗎？

案　主：沒有，我沒有什麼嗜好或是其他的事可做。即使是我的家庭——我感興趣的，但我過去從沒有時間跟他們在一起。現在我有時間了，但他們有些搬走了，有些則忙於工作。

治療師：所以，當你說你不期待變老，你真正的意思是指你不期待退休，你不是很知道該如何面對現在的狀況。

案　主：你說的對。我有這麼多的時間在手上，但沒有什麼值得的事可以做。

說明　這個會談接下來進一步探討案主對退休的感覺，及現在生活的其他部分（如：與配偶的生活）。雖然案主還是在哀悼喪失了工作及工作所帶來的自我認同感，但在接下來的幾次會談，治療師會引導案主去重新拾回曾因為他的工作而停頓下來的個人興趣，及使他現在的生活更有趣的方法。

與疾病或身體失能相關的影響

一般老年人或接受心理治療的老年案主，通常都會有某種程度的慢性疾病、身體或感官的失功能。雖然就本質而論，這些身體的改變不是常態生理發展歷程的一部分，但因為這些疾病在老年期會常常發生，能夠把這些狀況處理得好，是與案主建立關係的要點之一。

感官能力喪失常常發生在老年人身上，治療師需要調整治療方式以適應他們的狀況，就如同我們必須適應失去感官功能的年輕案主一般。大約 30 %的老年人有聽力障礙，20 %有嚴重的視力障礙（Butler & Lewis, 1991）。對有聽力障礙的案主而言，治療師說話時必須很清楚，面對案主，讓案主可以看到治療師的嘴型，有時可能需要說話大聲點。當案主看起來似乎不了解治療師的談話或不能做適當的反應時，聰明的辦法是調整音量或聲調，或是改用文字的溝通，以確定困難是不是來自於聽力障礙。因為聽力的衰退是緩慢的，有些人因而沒有察覺到，或是因為個人的虛榮心而不願承認聽力的障礙。如果是這個原因，治療師不能期待案主會主動說明他有聽力障礙，其他知道案主有聽力障礙的人會是最好的資訊來源，讓治療師知道如何提升與案主的溝通。

視力障礙在治療上產生的問題，主要是在於非語言的溝通。而非語言溝通在治療當中又很重要。有視力障礙的案主無法看到治療師，不能看到治療師點頭或搖頭，而且錯過治療師非語言的關懷方式。治療師必須能夠將這些非語言的溝通用言語表達出來，以與案主建立適當的關係。

如同本章先前所提到的，記憶力方面的疾病會導致案主不斷的重複敘述問題或故事。這種情形會使治療師必須一再的重複回答問題，只因為案主記不得這些事。一再重複的說明需要治療師相當的耐心，可能有時治療師也會忍不住在案主面前表露出憤怒與挫折感。很重要的是，不要去指責案主的記憶力不佳或期待他會記得事情。記憶力障礙的案主會需要治療師用比較簡單的話來說明，而且一次就把重點說完。治療師沉著不匆促的態度將會促進與這類案主的溝通。

對案主的身體狀況表達關懷，有助於與健康不佳的案主建立關係。適應行動能力受損的案主其緩慢的走路步調，或協助其使用輪椅以表達關懷，都有助關係的建立。對一個剛做治療師的新手而言，與一個因為慢性肺梗塞疾病（chronic obstructive pulmonary disease, COPD）而隨身戴著氧氣筒的人談話可能會很焦慮。大體而言，能夠以開放及知性的態度與案主討論他的身體症狀、疾病、治療、與醫生或其他醫護人員的關係，以及保險問題等是與案主建立關係的重要一環，因為這些是他們每天生活當中不可或缺的一部分。

能夠適當的處理失能案主，需要對失能者及其設備或器材有些基本常識與經驗。心理治療師的養成過程，可能會選出一些對人的想法與感覺比對身體功能或其限制更感興趣的人來成為治療師。能夠有一些與失能者相處，以及醫院、護理之家或診所的輔助經驗，可以幫助治療師對疾病狀況的了解，也因此可以讓治療師知道如何與失能的案主相處。在生物醫學領域的朋友（醫學、護理、復健治療）也可以提供許多有用的資訊與看法。當治療進行時，治療師必須去判斷什麼時候身體症狀是合適的會談焦點，什麼時候它干擾了治療的真正任務。不論如何，建立關係需要治療師對案主的疾病與孱弱有主動與合宜的關懷。

家訪與關係的建立

有些老人因為疾病或失能而無法出門，有些則住在大眾運輸系統不方便或根本沒有的地方。若這些案主想要接受心理治療，治療師必須走出辦公室，走入案主的家。當治療的環境從治療師的辦公室移到案主的家中，治療關係的環境改變了，教育案主什麼是心理治療就變得更重要。因為平常的工作環境會暗示著治療是一種有著特定目的的關係，如今缺少了這樣的環境，可能案主容易把治療師看成是個訪問護士、牧師，或「只是個朋友」。

為了引導心理治療教育的進行，可加強每次會談時正式的氣氛。藉著堅持依排好的日期與治療時間來進行治療，並從言語上來創造一個標記以清楚的劃出界限，讓案主知道治療工作是不同於治療師剛進門或要離開時與案主的社交性閒聊。例如，會談的開場白可以是「讓我們開始治療」或「讓我們從上個禮拜結束的地方開始談」。 在治療快結束時，治療師可告訴案主還剩下十分鐘及還有什麼需要在這次家訪討論的。治療師可能需要開始以非言語的方式來表達會談的結束（例如：站起來，朝門的方向走去），並且與案主確認下一次家訪的日期與時間。另一個特別的需要是對案主保證談話的內容會保密，但也指出會影響保密的一些因素，如另一半正坐在另一個房間，或是鄰居在窗戶邊整理花園等等。如此，心理治療必要的過程與特質仍可以在案主家中保持著。

在案主家中或其他不是治療師辦公室的地方提供治療，引起許多專業治療師複雜的感覺。大部分的我們都只被訓練在診所的辦公室提供治療，一旦離開辦公室就容易引起焦慮。改成到案主的家，使治療師必須離開權威感與可控制感相當高的辦公室，而進入一個可控制感會真正或想像上減少的環境。在這個環境中，治療所受到的干擾可能更常見，治療師有更多的負擔需要去定義治療的工作、治療的時間，及治療關係的限制。對那些不習慣將自己的專業認同與家訪連想在一起的治療師而言，在非辦公室的地方做治療，可能會讓他們覺得失去專業的定位。也就是說，治療師可能會覺得自己只不過像個拜訪護士、個案管理者，或挨家挨戶的推銷員。

雖然有人會質疑治療師對可控制感或社會地位的高需求，或是覺得他的治療力量只能在某個地方才有功能等是否真的合適；但無論如何，治療師若在案主家工作就必須面對這些議題。如果治療師可以保持冷靜，並且行為表現如同在辦公室時一樣，則心理治療的過程在本質上就會與在辦公室時一樣。治療師如此的努力是會有代價的，他可以接觸到無法出家門到辦公室的案主，可以在案主的家中獲得更多案主的相關訊息，而且可以藉著在不同的環境中做心理治療，而對治療的本質獲得不同的體認。

家訪的狀況的確有需要治療師謹慎挑選合適的時間，而且不要強加家訪在不感興趣的案主身上。當然，對於有妄想的（paranoid）症狀、做作性的（histrionic）症狀，或是有可能會產生情慾移情作用（erotic transference）的案主，在做家訪時需要特別仔細考慮。在這裡所表達的是要謹慎小心，但不是建議要避免去家訪這些案主。特別是對有妄想症狀的案主而言，當案主因在自己的家中而有安全感時，治療的關係會比較容易形成。花一些努力，家訪的治療也可以很像辦公室治療，而且至少我們去服務到平常根本不可能接觸心理治療的一群案主。

專業能力與年齡差距的議題

專業能力是與任何一個案主建立關係時的一個重要議題。較年輕的案主可能會以正式或不直接的方式來對治療師的專業能力提出問題，如：對轉介案主來的人有信心嗎（意思是他轉介案主來這裏的決定是否正確）？治療師拿了什麼學位？唸什麼學校？或執照等問題。老年案主則會以比較直接而且私人的方式來提問題，通常可能會問到治療師的年紀或工作經驗。這個問題可以從兩個方面來看：有些人會覺得年輕的治療師缺乏個人或專業的經驗；有些人則覺得老的治療師會跟不上時代或因他們自己的老化經驗而有偏見。案主可能也會問治療師是否曾與像他一樣的人一起工作過。在這些例子中，治療師可能會覺得不只是他的專業能力，還包括他的人格成熟度都被案主強烈質疑。其實這裡所談的這些議題，就本身而論主要不是年齡的問題，而是工作經驗、婚姻或養育孩子的經驗、生病的經驗等等。這些問題的回答必須仰賴治療師的專業知識與技巧，就如同治療師和生命經驗與他有所不同的年輕成人案主工作時一樣。

也許對治療師而言，如此被案主評估的經驗其價值是不確定的；但對案主的價值卻是明確的。許多治療師並沒有接受過與老人一起工作的良好訓練，老年人只是盡可能的用許多方式來保護自己，以確定治療師是否真的可以解決他的問題。在這裡建議治療師以不防衛的態度去回答有關技巧與經驗的問題，並且讓案主知道實際可以期待的正向改變會有多少。大體而言，當治療師對自己的專業能力不確定時，案主對專業能力的質疑就會變成一個議題。一個對自己專業能力的自信解釋，可以同時舒緩案主對治療師人格成熟度的質疑。

對於如何與案主建立關係、如何以人的角度去認識案主等議題有基本的了解之後，下一個要提到的問題是治療關係中更複雜的層次：在與老年案主工作所出現的移情與反移情作用。

4

移情與反移情作用

不論治療師的年齡如何，當案主的年齡大於治療師時，其治療關係很可能就會與一般有所不同。不論治療關係是否為治療方法的主要焦點，隨著治療關係的改變，治療的情境及治療師的治療經驗也會有所更動。治療師對治療工作的「感覺」 如何隨著一個老年案主而改變？數十年來我們已了解到，當案主較老時，移情（transference）與反移情作用（countertransference）本質的改變，是讓治療師感受不同的主要來源（Genevay & Katz, 1990；Rechtschaffen, 1959）。認為心理治療對某些特定的老年人而言是不可行的，或許也是治療師產生反移情作用的原因之一（Hinze, 1987；Semel, 1993）。

「移情作用」與「反移情作用」這兩個名詞與心理分析學派常被聯想在一起，並且由此學派予以闡釋。然而這兩個名詞已發展出不同的意義，而且被其他治療學派所改用，包括心理動力治療（Weiner, 1975），及行為治療（見Goldfried & Davison, 1994）。在這些較一般化的用語中，移情作用指的是，案主對治療師所發展出的關係，並非建立在治療關係的真實狀況或治療師身為一個人的真正特質。同樣的，反移情作用代表治療師對與案主關係的認知，不是基於治療關係的真實狀況或案主真正的特質。

移情作用

治療關係有兩個層次。第一個層次是指治療師與案主為解決案主的問題所發展出的專業關係。這個層次本身會受到實際社會因素的影響，如年紀的不同、治療師與案主的性別、治療師與案主的人格特質。在問題取向的短期心理治療（如八到十二次或更少的會談次數），我們總是可以安全的去假設這些因素是可操作的。但在較長的心理治療（及將移情作用特意塑造成一種分析工具的心理分析）中，治療師可能會察覺到，治療關係的發展並不屬於典型的第一個層次。

治療關係的第二個層次，可能是治療師或是案主將其學習自其他人際關係的回應，帶來治療關係中。當案主將治療師與他生命中的重要他人聯想在一起，這通常是早期關係中有未解決困難的一種徵兆，而且有可能這份老關係的戲碼仍在治療室外繼續上演著，並且對案主帶來問題。我們也可以用上述同樣的結論，來解釋為何治療師以對待家人的態度來對待案主。但治療師的這種行為是較不合宜的，因為這畢竟是屬於案主的治療。

了解移情作用就有如以投射測驗來解釋治療關係：治療關係中真正的特質會塑造移情作用的反應，但並非全然的決定。大體而言，移情作用與第一層次的治療關係越不相似，它在情緒上的重要性就有可能越大。不同於一般對移情作用的了解，另一種看法是老年人移情作用的起源，可以來自成人生活的任何一階段，特別是來自老年人曾有過的任何一種家庭結構的生活。更典型來說，此看法並論證移情作用起源於最初的家庭結構（見 Nemiroff & Colarusso, 1985a，以心理分析觀點來討論此可能性）。

隨著治療的進展及關係開始扭曲，治療師必須警覺到案主將治療師認同為他情緒上的重要他人，包括案主過去的家人及朋友。由於老人移情作用相關資訊的缺乏，治療師必須靠自己來摸索這片未知的領域。指引治療師的路標將是他在臨床上對案主的認識，及其對引起移情作用之刺激因素的了解（例如：一般而言，案主有可能會將治療師認同為家中相似年紀及性別的成員），並且溫和的去探問「我讓你想起了誰？」或是「你是否對其他人也有過類似的感覺？」

關於老人心理治療之治療關係的討論，有著一個很多樣的歷史。最早的一些老人心理治療文獻，著重相當多的討論強調移情作用是治療工作中一定要改變的部分。在一份老人心理治療的文獻回顧中，Rechtschaffen（1959）對早期文獻做了相關摘要。在 Myers（1984），Nemiroff 及 Colarusso（1985a），Genevay 及 Katz（1990），Knight（1992），及 Semel（1993）可以找到較近期且帶有案例的討論。

我們可以從臨床案例了解老年案主移情作用的一些可能型式。治療師可以被案主視為子女、孫子女、早年的伴侶、情慾的對象、社會權威人物。機構式環境的特別案主群及組織特質所進而引出的扭曲的人際關係，也會強化上述的一些移情作用。

治療師被視為是案主的子女

由 Rechtschaffen（1959）所做的文獻回顧中，許多早期的心理動力學派學者強烈認為，老年案主的移情作用對調了案主與治療師兩者的角色。老年案主將治療師與其子女聯想在一起，因此可以提供一個機會讓案主去處理他與子女的關係。

在與老人工作時，「子女」此名詞有著不同的意義，而不只是我們一般所認為的。視案主的年齡而定，他的子女可能是成人、中年人，甚至也可能是老人。早期我在與老人工作時的一個驚訝發現——因為這發現而重新組織我的社會觀——來自於一個大約七十六歲的案主，她解釋她部分的婚姻問題是來自於與她母親的關係，她母親就住在她的附近，而且佔據她太多的時間。當治療師被案主視為子女，並不表示治療師不成熟。事實上，通常案主的子女不是和治療師差不多年齡，就是比治療師的年齡還要大。子女型式的移情作用，通常是發生在中年的治療師與老年的案主之間，或者是老一點的治療師和更老的案主之間。這種父母－子女式的移情作用，有著獨特的內容與細節。我們社會中對這種父母－子女關係的一個常見的關心主題，在於子女是否會在父母需要幫忙的時候提供協助；也就是說，像子女般的治療師是否可以不需要理由的照顧案主。通常這種關係有著一些未解決的衝突，這些衝突可以追溯回子女在青少年期或成人初期，掙扎於獨立與父母的控制之間。

這種父母與子女間的權力議題可以用許多方式來解決：某一方贏、強迫的平手，或互相接受彼此是獨立但友善的個體。假使治療師能夠認出子女式的移情作用，探索案主與其子女的關係，以平常與案主談話的方式來解釋移情作用，將會對案主有很大的助益。

案例 一名六十多歲的案主，非常恐懼她的獨立性將會隨著老化降低，並且增加對別人的依賴。在治療的中期時，她問了好多次我是否有計畫要換工作。因為在這段時間我曾去別的城鎮參加會議，所以剛開始我很直接的回答她的問題。但當她重複的詢問時，我把問題轉向移情作用的層次。首先我確認她主要的擔心：「你擔心當你需要我的時候，我卻不在這裏。」經過我對這個議題的解釋，我們把話題移到「你的生活中是否有其他的人，在你需要他時卻可能不在？」當然這個答案就是她的兒子。我們開始討論她和她兒子的關係，其實有時候也可以反映出我們的治療關係。在治療的末期，我發現她也錯認了我的年紀，以為我與她的兒子年紀一樣大（他的兒子大約二十多歲）。

治療師如同孫子女

因為在現在這個年代，許多治療師的年紀都比他們的老年案主年輕許多，所以一個常見的移情作用是把治療師當作是孫子女。由於祖父母－孫子女的關係近來才陸續有研究，因此這些研究也列了一些祖父母親職關係的社會心理學相關文獻，以供讀者進一步的探討（Bengtson & Robertson, 1985；Troll, 1980）。大部分我們對祖父母親職關係的概念，是被社會神話（social mythology）所導引著，但在了解及使用移情作用時，最重要的是要去了解案主對他孫子女的看法。臨床上經驗的建議，通常孫子女多少都被理想化了，他們沒有父母－子女的權力掙扎，而且通常可以有誠實的情緒溝通。他們也習慣以直接的、盟友對盟友的方式去討論他們所共同分享的中間那一代（年輕這一代的父母，老一代的子女）。孫子女的專家意見比子女的意見更可以讓老年案主接受，也因此在這種型式的治療關係中，老年案主對治療師的治療解析比較不會產生抗拒。當然也有負面的移情作用，孫子女被認為在情緒上較有距離，具威脅的差異性，或是競爭中間那一代的愛與時間。處理負面的孫子女移情作用可以減輕家庭衝突的負面影響。

案例　有位案主雖然很固定的來接受治療，並且大體上顯現出進步，但卻不停的以因為我屬於年輕的一代，所以我一定喜歡什麼或了解什麼，來評論我的年輕及（大都不正確的）特性。我很溫和的挑戰她的這些看法（例如：「為何你覺得我會不喜歡古典音樂？」），然後我們把討論轉移到為何她對年輕人會有那些看法。當她開始質疑她自己對年輕人的刻板印象，我把話題移到「你認識的人有誰是像這樣的？」答案是她的孫子女。進一步的探索，發現她和孫子女之間有相當大的衝突，這是她未直接提的一個議題。這衝突後來發展成她無意或隱約有意的，與孫子女競爭她女兒有限的時間及情緒上的關注。她需要女兒的支持才能繼續去照顧她的丈夫，這些小孩需要他們的母親，這位母親（案主的女兒）則要上班、去學校看這些小孩，並且試圖取悅每一個人。對這整個狀況的了解，讓案主開始去改變她的行為，進而引導了家庭互動關係的重大改變。

治療師如同父母

在傳統的移情作用中，治療師被視為案主的父母並非是不可能的，即使他們之間有著相反的年齡差距。這種移情作用似乎較少見，臨床的經驗則認為這種情況容易發生在當案主生病或失能時，因為身體上逐漸增加的依賴而導致情緒的退化；或案主與父母的關係有相當多的問題且未被解決時（如：兒童虐待或亂倫）。在第一個因身體功能而導致情緒退化的例子，案主扮演著小孩的角色，而治療師則扮演著新父母的角色，不僅接受案主，並且鼓勵其成長為一個情緒成熟及有能力掌握問題的人。然而在案主生活的周遭，可能會有一些人為了個人的因素而鼓勵案主的幼稚及依賴行為。因此在鼓勵案主掌握自我時，治療師所持的態度將會與這些人相對立。

在第二個案主與父母有複雜問題的這個例子，治療師對老人所提供的心理治療將會與年輕案主的案例非常類似。如果案主在早期沒有去處理這些問題，這些資料的再呈現將會是相當驚人且痛苦的。提供案主一個機會去談談那些事件，表達他的情緒，並且藉由治療師父母的角色來重新感受被父母照顧的感覺，這些對老年案主而言，就如年輕人一樣，都是非常有價值的。

治療師如同早年的配偶

在某些情況，移情作用會以案主視治療師為早年的配偶而產生——如果當年配偶的年紀與治療師被認為的年紀差不多，或者是當時的婚姻關係正有一些困境。配偶型式的移情作用可以做為一種方法來處理一些議題，例如他們長年下來的婚姻關係，是否可以讓其中一方願意為照顧生病的另一方而付出與犧牲；或者去處理長久以來未解決的罪惡感、嫉妒等等的情緒。在案例書（Knight, 1992）中，對 Nora 治療工作的描述，提供了這一類移情作用的例子。

情慾的移情作用

情慾的移情作用，是與任何一個年齡的案主做治療工作時都可能會產生的，但卻很少在老人心理治療中提到（見 Nemiroff & Colarusso, 1985a，對老人情慾移情作用的討論）。這樣的遺漏可能是因為一般成年人很難想像老人也有性的需求，覺得老人對年輕的他們比較不會有性的感覺。在治療工作中處理情慾的移情作用需要更多的策略，因為案主可能會覺得他的感覺是不正常的。重要的是當辨識出此種移情作用時，治療師不能去忽略這個移情作用，也不能表現出驚訝或被嚇到。事實是，也許治療師可以將其他年齡層案主的情慾的移情作用處理得很好，但卻可能會對老年案主的情慾移情作用感到驚訝及忌諱，而未加以處理。

案例 在治療嚴重的憂鬱症幾個月後，案主表示對一位比她年輕很多的鄰居產生了一些不合宜的情愫，她對此感到害怕。經過治療師詢問後，案主透露鄰居對她並沒有明顯的行為。該鄰居被描述為與治療師的外貌相仿且「他是一個願意聽我說話的人，甚至比我丈夫還願意。」治療師懷疑案主可能有情慾型式的移情作用。

治療師決定不去挑戰案主把對治療師的這些感覺移情到鄰居的身上，治療師逐漸的讓案主知道她被鄰居所吸引，而且這些感覺是很正常的。以開放的方式討論了她有被了解的需要、性的需要，及情感的需要後，案主欣然的決定去尋求一個更合適的感情出口。幾個禮拜後，案主表示那個鄰居對她並沒有情愛的念頭，他只是純粹友善罷了。

也可以參考案例書（Knight, 1992）中 Lana 的例子。

治療師如同權威人物或神奇的專家

部分的老年人在生活中是缺乏資源與力量的，而許多中年及年輕人則在老年人的生活中發揮相當的力量。在這個情境之下，治療師會被認為是一個相當有力量的權威人物，其實一點都不足為奇。雖然這種移情作用有助於建立關係，並讓案主接受治療的解析；但即使是一個正向的移情作用，它也會干擾治療。案主可能會期待治療師去為他做重大的決定，代替他處理他與別人的事，提供他方向及答案而不是探索及成長。在一個負面的移情作用中，案主可能仍然害怕治療師是否一直在評估他，然後可能會把他送到精神療養院；或者覺得治療師是代表著他的家人或社區，要來剝奪他的自主性。

治療師與老人的工作的確包括個案管理及精神狀況的評估，也確實有許多心理衛生的工作人員代表的並非是案主，而是案主的家人或整個社會。上述案主的擔心的確是事實，也造成治療師與案主兩者皆有困難去區辨治療師的角色。治療師及其他的助人專業者，可能沒有太多的出口可以宣洩人性中對於權力及被肯定的需要，也因此特別容易被吸引去扮演有力量的權威人物。治療師在使用其地位時，必須了解什麼是合宜的，什麼又是不合宜的。並且清楚的與案主溝通在該治療關係中，治療師的角色界限為何（見第九章對自主及忠實的討論）。

舉例而言，在大部分的情況下，使用專業的網絡去幫助案主得到他所需要的服務，這是一個合宜的地位使用。然而介入案主的家庭糾紛，然後告訴案主的女兒好好的照顧案主，則通常是不合宜的。很重要的是從治療師的限制為起點，讓案主去認識他自己的力量來完成事情。舉例而言，讓案主發現她身為一個母親，其實比治療師更有權威去面對她的女兒，也許就是一個很重要的學習經驗。案例書（Knight, 1992）中 Sophia 的例子描述了一個妄想症案主的權威角色之移情作用，可供讀者參考。

與長期照顧機構案主的相關議題

居住在機構內的老年人與居住在社區裏的老年人，在許多方面有所差異，前者的健康狀況往往較嚴重，或是有身體功能、精神狀況、記憶功能的受損。此外，一個完全機構式的環境，創造了對病人的許多特別的要求，對住民執行高度的控制，也可能因此造成住民的高度依賴。同樣的，這些原因也可能傾向會吸引依賴性較高的老年人進入機構式的環境。我在這裏很簡單的只是要指出，任何一個二十四小時照顧的環境，都會對住民的用餐、睡覺或安靜時間、團體活動等一般的日常作息要求一致性，而且那些管理的人有需要去檢查這些活動的執行狀況。有人管理的機構生活會在住民及機構間引出父母－子女式的關係，這種生活會特別吸引某些特質的老人，他們喜歡有人照顧及管理，勝於住在較獨立及較不制式化的環境。治療師從其他有提供食物、住宿，及管理環境的印象，可以幫助澄清一些常見的問題，如住宿學校及大學、宿舍或兵營生活、公社、修道院。

研究這個族群心理治療的早期先驅是 A. I. Goldfarb，他看到在機構的老年人把治療師視為保護的父母所發展出的移情作用。A. I. Goldfarb 認為治療師藉著允許案主在有力的及保護的父母中取得優勢，將有極大的可能可以讓案主在治療上有所收獲。

處遇的方法有許多種，而且也有不同的層級。在個人－案主層級，治療師可以使用一些案主的依賴，去鼓勵治療關係快速的建立。然後藉由幾個禮拜裏對每位案主相對地較簡短的拜訪，這個治療關係將可以被用來完成治療的目標。在一般的門診治療所常發生的是，案主一開始的依賴，可以被用來引導案主發揮與他的能力相符的獨立性；然後接受案主依賴的治療師可以成為一位溫柔鼓勵子女的父母，來幫助案主獲得獨立、設定目標，允許案主追求目標，並且接受案主的失敗。Goldfarb 允許案主在治療師有力的父母角色中取得優勢的方法，可以做為一個有用的策略，讓案主在獨立的掙扎過程中，獲得初期的勝利（見 Goldfarb & Sheps, 1954）。

在與長期照顧機構的工作人員工作時，治療師可以幫助他們了解病人依賴的原因，這些依賴可能是機構工作人員所厭惡的（見 Langer & Rodin, 1976）。這些工作人員長期暴露在老人對他們依賴的需要之下，鼓勵他們表達對這些依賴的感覺，對他們將會有所助益。他們的感覺可能會包括無助、挫折、憤怒、於心不忍、認同、沮喪等。這些感覺是與孱弱失能的老人一起工作的一種職業危險。

反移情作用

治療師在與老人工作時，也會因為治療關係的改變而受影響。為何只要想到與老人工作就會讓許多治療師感到焦慮？許多治療師的焦慮來自於缺乏與老人工作的相關訓練，以及在專業上了解自己能力的限制。然而，還有其他的因素造成這些不自在，大部分是牽涉到治療師個人對老年的衝突及焦慮。

治療關係是一個雙向的街道。一方面它有著治療師基於案主身為一個人的真正特質而與案主所建立的關係，以及治療師基於案主這些真正的特質，以專業上的理論基礎來了解案主、案主的問題，與案主的人格。但另一方面，它也包括治療師將自己的需求、幻想，及刻板的社會知識投射在案主身上。也許專業的訓練（特別是臨床的督導）、不斷的自我觀察，及個人的治療，可以平衡上述的最後一項因素。然而因為大部分老人心理治療訓練的失敗，造成治療師可能沒有足夠的理論背景來面對老人，沒有足夠的訓練去正確理解案主的問題及人格，沒有足夠的自我了解可以去面對老年案主所容易引起的焦慮。這種對老人了解的空白，將會讓治療師草率地以他對老人的刻板印象（正面的或負面的）來看待案主，對案主投射治療師本身與其他年長的重要他人的關係，以及以防衛的幻想來保護治療師對死亡、依賴，及無助的焦慮。以下將會特別強調部分的議題：治療師與父母或祖父母未解決的議題對治療之影響；治療師個人對依賴、老化，及瀕臨死亡的害怕；我們並會探討這些議題及害怕對治療師與老人工作的影響，並對安置的決定及家訪有特別的討論。

父母式的反移情作用

與老人工作時，有一些實際情況會相當容易觸發治療師的反移情作用。在與老年案主有足夠的接觸後，治療師很有可能會發現案主使他想起他的父親或母親。接下來會發生些什麼，決定於治療師與父母的關係、治療師對此認同的覺察度，及對此反移情作用感到吸引或抗拒的狀況。治療師可能會變得過度投入去看到案主的改變，不理性的對案主感到憤怒，或對於案主詢問治療師的專業能力感到受傷害。在與老年夫妻工作時，治療師可能會比案主本身還過度地投入來維持他們的婚姻關係。這些狀況的變化是相當個人化的，取決於案主與治療師之間各種可能的組合。

當治療師覺察到反移情作用的發生時，他可以將自己自其中抽離，與同儕及督導討論這些感覺，而且有時可能需要考慮將案主轉給別的治療師負責。什麼樣的方法最合適，將視此反移情作用的本質、治療師處理此情感反應的能力，及反移情作用對治療潛在性的影響。在完全意識到反移情作用之前就能隱約察覺到自我的狀態，是治療師必需從督導及自我觀察中所學習到的一個必備的技巧。主要的線索包括：⑴治療師確信案主無法從治療中獲益，但這個想法並未被正確的診斷及理論的建構所支持；⑵治療師有成見地認為案主有失智症，即使經過良好的診療後排除了治療師的評估；⑶治療師並非以穩當的臨床經驗為根據，想要訴諸醫療（藥物或電痙攣療法，簡稱 ECT），而不是心理治療來治療案主；⑷治療師與案主工作時感到無趣、疲累，或無助；⑸治療師對案主本人或案主的行為有強烈的情緒反應，或治療師有一些異於平常的情緒反應。

與老人工作時所產生的反移情作用，可能與一般的狀況相當不同。在與青少年工作時，治療師可能會被引發藉由案主去重新處理治療師本身與父母的舊衝突；但在與老年案主工作時，治療師可能要去面對他自己生命中現在的議題，或是他對老年的一些害怕的幻想。父母式的反移情作用所引起的焦慮，可以經由正確了解各種老化的不同面貌而減輕。然而老年案主所引發的反移情作用與年輕案主的不同之處，在於老年人呈現了許多人生中最困難的問題；老年人可能必須一個人面對這些問題的事實，引起了治療師不同層次的害怕。與老人工作時，往往反移情作用的特性在於其議題是屬於未來的而非過去的。

舉例而言，一位年輕的治療師想要離開過度保護的母親，她可能會對於案主抱怨女兒不常寫信或打電話感到憤怒；一位害怕父母去世的治療師，可能會在面對一位患有絕症的案主感到不勝的憂慮。在我自己的經驗裏，我曾隱約的了解到，在與某一位老年案主工作時，我很難將治療形成一個完整的架構。後來我意識到這位案主講話的方式與我父親非常的相似，而我父親是我不敢去心理學化的一個人物。其他反移情作用的案例可參考案例書（Knight, 1992）中的 John 與 Nora。

中年的治療師可能會發現在治療中所面臨的議題，與他本身在家庭中所要處理的問題相似，或者是治療師預期會在不久的將來要處理的問題：父母的生病、對即將來臨的身體或心理衰退的害怕、對死亡的害怕。除非這些問題有被清楚的解決，否則治療師的問題及個人的價值將會干擾案主的心理治療，而且治療師會因為在家庭及工作中面對同樣耗費情緒的議題而感到無法招架。舉例而言，一位中年的治療師，兩年來與各種狀況的老年案主一直都工作得很順利。突然之間，她覺得無法集中精神去聽案主說些什麼，而且在某次的會談中，一位身體孱弱的老先生對其妻子的過度要求讓她感到非常憤恨，而這位老太太事實上似乎非常樂於照顧這位老先生。在與同事討論後，她了解到她對父母的感覺干擾到治療工作。她父親身體一向非常健康，但最近發生中風。這位治療師非常憎恨照顧父親的工作對她母親所產生的影響，但覺得非常困難去與雙親討論這個問題。身為一個老人的專業工作者，其所肩負的期待複雜化了她對父母狀況的反應，她被期待應該更主動去幫助她的父母。她也覺得她的專業能力應該可以讓她免於受到父母間問題的影響。在了解問題之後，她很容易的重新扮演一位與案主工作的治療師，而不是一個企圖保護母親的挫折女兒。

祖父母式的反移情作用

雖然祖父母式的反移情作用也是視治療師個人的情況而定，然而常見的是治療師對案主有一種基本的正向感受。在此感受中，治療師多少有些模糊的把老人視為需要被保護，以免於中間世代的干擾。在此種關係中，中間世代指的是治療師的父母及案主的子女。這種正向的感受也許有助於激勵治療師與案主建立良好的治療聯盟關係，但這種關係的影響卻是相當的非治療性的，它可能阻礙了治療師看到案主真正的問題（如失智症、精神疾病、物質濫用、人格問題），或是引發治療師與案主的子女發生不必要及不專業的衝突。

在案例書（Knight, 1992）中所提到的 Mildred，我討論了這種本質上正向的反移情作用，阻礙了治療師的診斷及部分心理治療的進行。

祖父母的幻想也可能是負面的，它的形式可能是治療師過度先入為主的認為老年人是孱弱的、愛抱怨的，並且對好的、善良的年輕一代家庭做出不合理要求，而這年輕一代的家庭應該被保護。治療師有責任去注意到他自己的反應，而且對每個案主的處境應該要做到個別性的評估。他也可以去質疑自己與老人工作的理論，是否大多建立於對真正老年人的正確看法，而不是上述型態的幻想印象。

案例 一個與老人工作的心理治療師，她有一位案主從外表看起來就是典型的老祖母。她的子女及一些社會福利機構的工作人員對她均感到憤怒且對她有所責難，但他們又無法具體的說明她到底有什麼問題。案主控訴她的家人只想要她的錢，治療師因而非常投入地想要把案主從其家庭中拯救出來，並且努力地對於案主的「憂鬱」提供具體的協助。在與案主工作幾個星期後，他開始注意到她起起伏伏的情緒及她偶爾發作的意識混亂狀態。當治療師徵求案主的同意讓他與醫師討論她的症狀時，案主變得非常沮喪，並且冗長又不清楚的描述她與好幾個醫生間的問題，並且說這些問題導致她在去年必須換了三次醫生。經過治療師的幾番勸誘，她拿出她的藥盒子給治療師看，盒子中有不同醫生所開的各種鎮靜劑、安眠藥，及止痛藥。原來這位典型的老祖母對這些處方藥物有嚴重的藥癮。對案主物質濫用的發現，改變了治療師對案主治療的進行，並且因而了解案主的家人及社會福利機構的工作人員為何會對案主感到困惑；這些人察覺到案主有些不對勁，但沒有想到案主是個藥癮者。

治療師對老化、失去獨立性，及死亡的害怕

Rechtschaffen（1959）的文獻回顧，以及 Kastenbaum（1964a）對「抗拒的治療師」（the reluctant therapist）此主題的探討，都討論到案主的老化、迫近死亡，及逐漸的喪失獨立性對治療師焦慮程度的影響。許多討論老人心理治療的文章認為，心理治療師正是基於這些原因而逃避與老人工作。很明顯地，我們的社會教育我們避免去思考生命的這些部分，而治療師也傾向接受這些思考的禁忌。但是老人心理治療工作卻促使治療師必須親身去面對這些議題。

與早生世代的案主工作，迫使治療師去欣賞生命開始及結束的有限性。不斷的與案主談到在我們出生之前的那些時光，提醒了我們這個世界並非只有現在；當論及死亡時，也同樣的提醒我們，未來我們將會離開這世界。來自早生世代的老年人常常可以指出，所謂人們強烈相信的「現代」觀念及事實，其實是常常隨著時間而改變的，而一些新的想法及價值其實是從過去的年代裏所重新演變出來的。這些社會歷史變遷的提醒，也許就如同死亡與身體失能的提醒般，讓人感到不安。

即使我們假設在人生全程的發展順序中，學習面對死亡是中年階段的任務之一，而且可能在老年初期時能完成此項任務，治療師的問題仍然存在，因為多數與老人工作

的治療師本身並非老年人。年輕的治療師可能還不了解生命的有限性，中年的治療師也許以其個人的方式在這些議題當中奮力掙扎（或否認）。但無論如何，這些治療師可能都被迫在生命中比一般人提早去面對這些議題，或者是其個人的焦慮將會因為親近的接觸瀕死的案主而增強。不幸的是，即使是年紀較大的治療師，似乎也常常感到需要讓案主以與他們相同的方式——以傳統的宗教信仰、現存的哲學、禁欲主義，或對上述的任何一種都不接受等的個人價值觀——來處理疾病、老化，及面對死亡。

年紀較大的治療師們（包括心理諮商師）也一樣有可能會過度認同案主。這種反移情作用會讓治療師嘗試去讓案主以與治療師同樣的方式去面對老化，或是避免去與案主討論治療師本身不想面對的議題。舉例而言，有一次與一位相當有經驗的年長女性治療師一起帶團體時，當一位案主討論她沮喪的部分原因，其實是來自她覺得外表已失去吸引力，以及異性對她不再注意，我注意到這位治療師不斷的拒絕讓案主討論這個議題。在後來的談話中，可以明顯的看出治療師是以「這種改變是不重要的」態度在處理她自己這部分老化的問題。雖然這對治療師而言可能是正確的，但明顯的這對案主並不適用。

不論原因如何，當面對死亡及喪失獨立性的議題時，治療師所產生的焦慮是相當真實的。針對這些議題提供適當的訓練及教育將會對治療師有所幫助。如果治療師錯誤的相信隨著老化每個人都會有失智症或患有嚴重的疾病，他的焦慮將會更為惡化。對於死亡的焦慮可以藉由閱讀、公開的討論，及在工作中接觸死亡而達到某種程度的減輕。然而與老人工作的人——特別是在一個較親密且密集的程度下與老人討論這些事情的治療師——高程度的接觸到疾病、喪失獨立性及死亡，此事實仍然是存在著。

當然，每個治療師處理案主死亡的方法有所不同，能夠與別人談談彼此處理的方法將會有所幫助。也因此，如果能與老人服務網絡及安寧照顧體系的人們建立互相支持的關係，將會是治療師一個很好的支持來源。與同事討論最近去世的個案，以檢驗自己不合理的期待，將可以使治療工作更加順利（例如：你是否覺得如果能對案主的焦慮症狀提供心理治療，也許就能避免他的死亡？）。了解自己對案主的哀悼並且公開表達出來、參加案主的葬禮、向案主的家人致意彼此共同的悲傷，都可以減輕對死亡的焦慮。案主的死亡將會影響治療師對生命及死亡的看法，這些看法將會不同於同年齡及其他職業的人。一方面，與老年案主工作時不可能不去了解到每個人都會面臨死亡，死亡一般都是出乎意料的，而且死亡是生命的一部分。另一方面，即使是非常虛弱及病況嚴重的老人，也有可能還可以存活許多年。了解到孱弱老人生命延續的可能性，使治療師難以因為假設這些生病的老人已接近死亡，就認為他們不需要幫忙。對孱弱生命可以延續多久的覺察，將嚴厲地挑戰一般年輕成人的生命態度。他們往往認為唯有身體功能良好，人生才有價值。

治療師對老人疾病及喪失獨立性的接觸，可能會引起其他更讓治療師焦慮的議題。認識到案主身體長期失能的事實、了解有一些問題是超乎案主的掌握之外的，及看到案主被迫違反其意願地進入依賴的狀況，這些都對年輕人所認為的「我們可以得到我們所應得的」及「只要努力就有收穫」的世界觀造成嚴重的威脅。此外，治療師操控的需要及自戀情結，可能會因為不斷面臨案主的健康問題，卻無法藉由心理治療來針對這些問題提供協助，而倍感受傷。治療師必須承認在案主的生活中，有許多超乎心理層次的因素，而且這其中有一些是案主、治療師，或醫生所無法控制的。與老人工作的治療師，其生命觀不容置疑的將會比一些治療師更加的實際及正確，但這些看法必須透過訓練及督導而嚴謹的養成。仍為學生的心理治療師必須被教導，以了解在嚴重的健康狀況下，案主進步的價值為何，以及在不可抗拒的身體失能中，心理因素的重要性為何（見第七章對疾病及身體失能的討論）。

如果治療師沒有適當的準備，他對老年案主的反應，可以預期地也將會與其他訓練不足的人一般：抗拒、採用不實際的世界觀、迴避困難的案主，或是在治療上因心力耗竭而有著憤世嫉俗的無助疲憊感。治療師本身的焦慮可能會侵入至治療之中，以至於過度急切地對案主問題進行解析，而未考慮到案主的回饋。治療的工作將會變成治療師的治療而不是案主的治療。

案例 一位老年案主在第三次心臟手術後，因憂鬱症而被轉介來接受心理治療。年輕的治療師心中充滿了案主已接近死亡的想法，她不斷地引導案主討論死亡，而且解析案主的抗拒討論是對死亡極度焦慮的證明。事實上，案主不僅對瀕臨死亡的想法感到自在，甚至期待死亡遠勝過於活著要面對身體失能的狀況，以及逐漸複雜的病情與不斷增加的手術所造成的持續性威脅。他的憂鬱正是來自於敏銳地察覺到，在未來的數年都只能以有限的選擇來過生活。經過幾次的治療後，案主要求更換治療師，並且冷靜的告訴新的治療師，原來的那位治療師似乎對死亡有太多的焦慮。

反移情作用及安置的決定

常見的一種臨床判斷的扭曲可以被視為是反移情作用：臨床工作者強烈的希望案主家庭以某一特定方式，來決定是否安置家中老人於長期照顧機構。這種決定對任何一個家庭而言都會引起高度的情緒反應，包括那些家中有心理衛生專業人員，或是子女長大變成心理衛生專業人員的家庭。這種決定對於情緒所產生的影響可能在事件本身發生多年後，甚至該名家庭成員已去世多年後仍殘留著。環繞在這些決定的不確定感、罪惡感、挫折感，及憤怒等綜合的情緒，可能會以下列形式表達出來：治療師有需要藉著鼓吹同樣的問題解決方法，來證明其家庭的決定是正當的；或者有需要藉著幫助別人來避免治療師的家庭似乎曾經犯過的錯誤，以補償其罪惡感。

不論是為孱弱的老人倡導居家照顧服務還是機構式服務，對許多家人而言都可能會造成傷害。要尋求長期照顧機構？還是要做些必要的犧牲以維持老年人在家中接受照顧？這是任何一個家庭所要面對最困難的決定之一。任何一個合適的決定都需要仔細的評估老年人的狀況、家庭的需求與資源、社區中實際可及的選擇，以及決定對於家中每位成員的影響。這個決定的過程將會視每個家庭的不同，而引導出不同的答案。

當臨床工作者有強烈的個人需要，去藉由別人的決定來看到他們自己的決定獲得支持時，他可能會經由推薦其他的行動方針來明顯地影響案主的家庭；或者是當案家討論不同的選擇時，以言語或非言語的同意或反對來不公開地影響他們的決定。治療師如果察覺到在面對個案時，總會強烈地認為某個決定才是正確的，則應該尋求諮詢或督導來解決這個盲點，並且以個別化系統去處理每一個家庭。

結案

不論是短期或持續好幾個月、好幾年的長期心理治療，終究都會有結束的時候。理想的結束是治療師與案主彼此同意治療的目標已達成，有機會去回顧治療過程，分享彼此對每個治療階段的印象，並且雙方都能對彼此的關係及感覺做個結束（Menninger & Holzman, 1973；Weiner, 1975）。在實務上，也許更常見的結案是因為案主不再來，或者因為案主的經濟因素及其他原因而結案，但理想的模式仍然是治療結構中重要的一部分。心理治療也許是唯一在一開始就已經預定要有結束的一種親密關係。

從我臨床督導及對其他治療師提供諮詢的經驗上顯示，與老年案主結案常常被認為是老人心理治療中最困難的一部分。實際經驗有時的確如此，但大部分都是治療師而非案主經驗到結案的困難。如果解釋得很清楚且事先即告知案主，案主通常會把結案看做是一種再保證（例如：治療不會不明確的一直持續下去），並且把結案視為完成某件事的一種象徵。畢竟老年人有相當多結束的經驗，而且可能比別人更習慣去接受結束。

然而治療師通常不願意對老年人說再見。他們害怕老年人將會寂寞、會感到被遺棄，或是會因為太衰老而不能沒有支持地活下去。他們可能也會不明說地想要知道，心理治療是否真的幫助案主解決了他們的問題。這些感覺也許可以表示，治療師在老人心理治療中所經驗到的感受是不同於年輕成人的心理治療。許多治療師在與老人的接觸中，顯露出更多個人的情感，而且更容易想要去跨越做為一個治療師及做為一個朋友之間的微妙界線。在許多情況，這些伴隨結案而來的問題表示治療師有需要去檢視自己對老年人的幻想，及需要去特別地檢查自己伴隨著案主所產生的反移情作用。

對許多與老人工作的治療師而言，結案通常會喚起他們的無力感。老年人，特別是老年案主，常常在面對疾病、失能、失去親友的悲傷、社會對老年人的歧視與偏見、家庭中複雜的人際問題，以及有限的收入。如果治療師對治療的價值及力量，或他自己身為一個治療師的能力有任何的質疑，這似乎也顯示出在與有這類問題的案主工作時，會把這些對自我的懷疑浮出檯面。與老年人工作的治療師必須找到實際的觀點來看待治療，了解其貢獻是在於讓老年人更加有能力去解決他們的問題，以及讓老年人免於焦慮、沮喪、人際關係的困難等。要了解治療價值的最佳訊息來源，是來自結案會談中老年案主對治療結果的陳述。

在討論過心理治療依據老年人所做的調整，及老人心理治療中治療關係的改變後，我們將在下一章討論對老年案主的評估。

5

老人心理治療的評估原則

與案主的初次及第二次會談當中，重點在於了解案主本身，以及其所呈現出來的問題（Weiner, 1975）。進行老人心理治療，評估（assessment）可能是整個治療過程當中最艱難的階段。因為影響老年案主的問題範圍實在很廣，某些問題發生在年輕人身上時，我們可能會認為它們彼此之間是無關的，但同樣的問題發生在老年案主時，我們就必須去考量它們相互之間的影響。對於老年所面臨的許多心理問題，我們的理解仍然是粗淺且變遷快速的。例如，老年失智症（目前廣泛稱為阿茲海默症）在過去仍然被大部分人認為是最普遍的老年精神疾患（mental disorder）。然而近年來，有愈來愈多的注意力被放在憂鬱症、焦慮症、酗酒以及精神病性疾患（psychotic disorders）（Anthony & Aboraya, 1992；Atkinson, Ganzini, & Bernstein, 1992；Light & Lebowitz, 1991；Myers et al., 1984；Sadavoy & Fogel, 1992）。而適用於老年案主的診斷會談與心理測驗雖已有所進展，但仍然是相當有限。

與任何案主進行診斷，一開始的重點都是去了解診斷的目的：案主什麼樣的問題該被解答？在過去，老年案主通常僅止於診斷，意思是指處遇對於老年人是無效的。在這樣的情況下，診斷的目的經常是為安置做決定或是鑑定案主是否尚有行使法定權利的能力。而且幾乎這些問題早在診斷之前就已經有了答案，診斷不過是一個藉由第三者正式認可的程序。基於倫理的職責，專業工作者必須為診斷的結果負責。這通常意味著治療師得去挑戰已提出來的問題。在實務上，家屬可能因為下列的目的轉介案主前來診斷：「母親已漸衰老，我們猜想是否已到為她安排法定代理人的時刻。」而治療師所給的答案可能是案主陷入憂鬱的情緒，需要積極治療憂鬱症狀，以回復她正常的功能。

接續所要討論的是心理治療過程當中的評估議題。關注的焦點是了解什麼樣的老年案主問題會引起治療師的注意。本章的內容並非涵括所有老人心理治療的細節，更不是在於建立心理測驗的準則或精神醫學的診斷。如欲更深入了解，可參考本章結尾所提供的閱讀資料。本章主要的目的是在於幫助治療師能清楚了解到求助的案主是否來對了地方，以及案主帶來何種心理問題。

如第三章所討論的，老人並沒有心理準備去認定本身的心理問題，同時心理問題往往與醫療和社會服務性問題並存。因此，相較於較年輕的案主，治療師經常必須面臨老年案主是否有心理問題的決定，即使答案是肯定的，也必須去判斷該項心理問題是否為這位老年案主唯一的需求？

以決策模式（decision-model）的架構來思考老年案主的評估是相當有幫助的。在此所採取的架構（見圖 5.1），是以 Bayesian 之不確定情境的決策模式為基礎。事實上，老年案主診斷的首要原則就是對於老化過程中不確定性本質的覺察：要區辨生理、心理與社會性問題，不論是對任何專業而言，對於老年案主本身及其家屬都不是一件容易的事。

基礎點 → 評估 → 處遇 → 結果 → 結果的價值或意義

圖 5.1　老年案主診斷之決策模式架構

問題呈現的基礎點

此模式的第一個部分指出了治療師臨床工作的情境。對於任何一位臨床工作者而言（包括醫院、護理之家，和相關機構式服務），評估的基礎點（base rate）決定了案主被轉介進入機構的特定流程。不論這是經過特意的設計或是偶然發生，大部分的臨床工作者在工作上傾向於會遇到某些特定類型的案主。例如在老年失智診斷中心工作的治療師，很可能會遇到許多失智的老年案主或是擔憂自己罹患失智症的患者。相對的，那些協助出院病人心理輔導或是自行開業的治療師，比較可能會遇到有憂鬱、焦慮，或人格違常等症狀的個案。一般而言，治療師傾向於預期會看到他們較常見到的個案症狀。以下提供兩個範例：在老年失智診斷中心工作的治療師，可能會忽略個案是憂鬱症患者，或更可能未看出老年案主有人格違常的症狀；而一向和憂鬱症或焦慮症患者工作的治療師，很可能就無法辨識出老年案主的失智症狀。亦有可能兩者都沒有發現老年案主有急性妄想症狀（acute paranoid state）。

基礎點也提供了相當有助益的訊息，同時影響了治療師覺察到問題的可能性。一般而言，我們很難去覺察到不常見的問題；事實上，診斷的正確性會因為從未診療過罕見問題而提高。然而，特定的實務工作環境會大幅改變罕見問題的發生率。往常，精神疾病並不常見於一般大眾。然而，在心理臨床工作中就較為普遍，因為前來求助的人都是以談論精神相關的問題為前提。理所當然的，相對於一般大眾，專業臨床工作者較常會遭遇到憂鬱、失智症、自殺、焦慮，以及藥物濫用的經驗。因此，清楚知道通常是那些人前來求助，或更明白的說，了解那些類型的案主會由那些不同的轉介管道而來，往往就是做決定所需要的依據。治療師主要的挑戰就是對於例外的情況隨時保持警覺：經常的真實未必是永久的真實，而診斷的目的是在於精確的了解每一個個體。

評估

處遇範疇的決定

當案主來到治療師的辦公室時，治療師必須確定他們是否來對地方，以及他們所帶來的問題為何。接下來的假設是，臨床工作者必須了解在一組行為的背後可能會有哪些不同的解釋因素，以至於造成案主被轉介前來接受診斷。轉介的情境是必須受到重視的：案主是否因為不愉快的情緒而自行求助？他是否因身體疾病求醫，而經診斷後被認為有心理性影響因素？家屬會陪同案主前來接受治療，是否因為他們在照顧策略上沒有效果後所產生的憤怒？是否屋主要逐出房客？諸如此類，可以有列不完的問題。診斷的情境必定會影響到臨床工作者對於案主的認知。第二個假設是診斷應該包括案主在會談中言語以外的訊息——例如，可信度高的病史、案主非語言上的反應，以及不同精神疾病之對話模式的考量。

與老人工作有一普遍性的認知，老人的問題是多元且複雜的，因此，經常是跨越一般專業或服務的範疇。以「生理－心理－社會模式」來闡述老人，並呼籲以科際整合的方式來提供服務，充分傳達此認知的概念。或許，所有的人都應以「生理－心理－社會模式」觀之，也都會因不同專業間的合作而受惠。但是，相較於年輕成人，老人更常於同一時間內有醫療、心理，和社會上的問題。治療師往往得面臨綜合醫療、心理，和社會的個案問題，且必須要為案主或家屬界定出哪些處遇模式和問題解決方式較為合適。問題的範疇列於圖 5.2，是做診斷決定的第一階段。

心理 vs. 身體

當論及統整模式（integrated model）的生物層面，治療師與老年案主工作時不能仰賴案主自行去區辨醫療與心理的問題。雖然老人醫學已有非常大的進展，所有的醫師

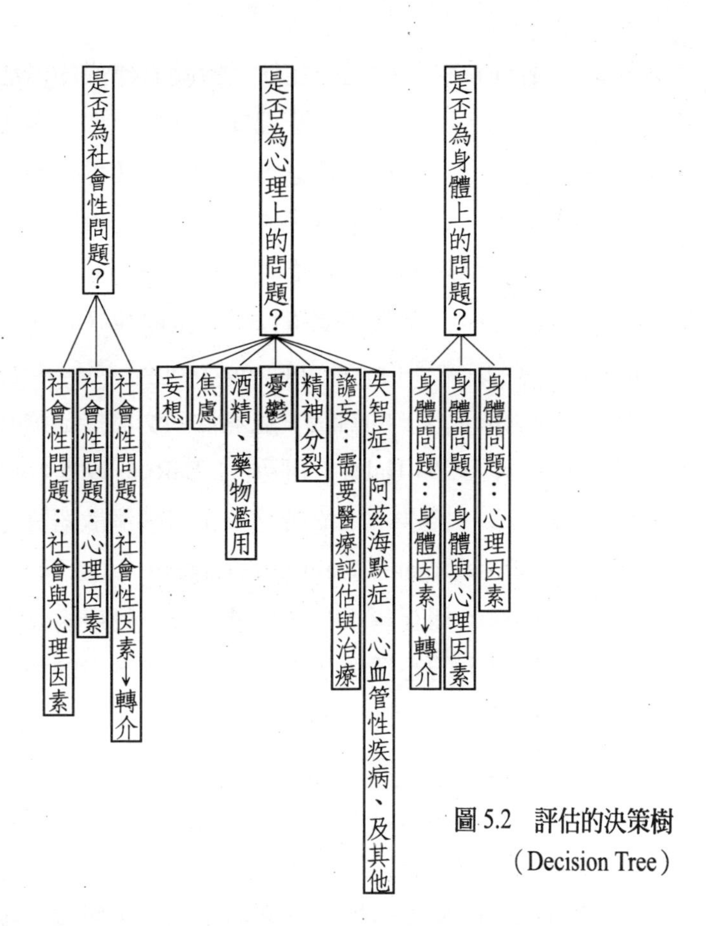

圖 5.2　評估的決策樹（Decision Tree）

也都接受過老人醫學的在職教育，仍然無法只因老年案主有持續就醫或是受醫師轉介而來，就完全確認其診斷是正確的。再者，醫療問題可能會造成心理問題，心理問題亦可能促成或偽裝為醫療問題，此外，醫療與心理問題也有可能同時產生。這些關係使得在心理治療當中進行老年案主的診斷或處遇時，是一項知識與專業上的考驗。

生理與心理疾病的徵兆和症狀，會隨著年歲的增加而有所不同，因此，區辨下列的情況變得非常重要，諸如：確實喪失記憶或者只是抱怨記憶力的減退；疲倦是源於疾病或是因為憂鬱而造成的精力流失。大部分的藥物都會影響老人的認知與情緒的狀態。雖說心理治療師並不被允許開藥，但是如果治療師不具備神經心理學（neuropsychology）、心理藥物學（psychopharmacology）與健康心理學（health psychology）的知識，並無法適切發揮治療師的功能（見 Frazer, 1995；Haley，出版中；LaRue, 1995；Smyer & Downs, 1995）。至少，治療師必須⑴了解瀰散器質性腦部症候群（diffuse organic brain syndromes）；⑵了解一般心理與身體疾病的相互關係；⑶認識治療一般疾病及治療精神疾病在藥物上的心理性副作用；⑷基於案主的利益，能夠與醫生和護理人員共同合作。

要對老年案主有清楚的認識，必須去詢問每一位老人的醫療情況、慢性疾病與當前的急性疾病。老人所服用的藥物（所有的藥物，並非只是針對精神疾病）都需要記錄下來，儘可能是由藥瓶上抄寫下來而不是案主所述。關於飲食習慣與重量的增減也都需要記錄下來。如果案主並沒有定期回醫院看診，近期也沒有就醫的紀錄，則必須督促其回診。假使所呈現出來的心理問題很有可能是身體的因素，治療師必須對醫學有一定基礎的認識，以了解案主是否經過充分的身體檢查，而可以排除身體因素對心理的影響。治療師需要有管道向有能力評估診斷程序是否適切的醫生進行諮詢。

治療師也必須有良好的敏感度以辨別不同的心理疾患。當所呈現的問題並非相當符合一般所認為的心理疾患時，身體因素的解釋應該被考慮或再次考慮。雖然大多數的老人傾向將心理問題生理化，但相反的情況亦有可能發生。我曾經發現許多的老年案主因憂鬱而主動求助，但卻沒有發現完整的憂鬱症狀。在轉介至他們的醫師後，發現在醫療上的問題是缺鉀所導致的疲倦感；帕金森氏症（Parkinson's disease）會造成心理動作遲緩（psychomotor slowing）與僵硬的面部表情，這些症狀可能會讓病人在產生顫抖之前看起來似乎很悲傷；尚未被發覺的慢性心臟病亦會有極度的疲倦感，而產生重度憂鬱的情緒經驗。某些情況，當這些案主再度被轉介回到僅具備一般心理學認知的醫師時，會因為獲知案主其實並非真正罹患憂鬱症而感到驚訝。藉由這樣的方式，一個好的心理性評估可以引發更進一步的醫療檢查而有更確實的診斷結果。

心理治療師應該具有注意身體和行為上顯現出的健康不良徵兆的基本能力。不穩定的認知狀態經常是疾病發生過程中或藥物負向副作用的指標，而這些情況都應告知主治醫師。非常態性的嗜睡或疲倦感、臉色蒼白或呈現不健康的膚色、缺乏肌肉協調能力或顫抖，以及膝蓋腫大，都是老人身體上常見的症狀。此外，對於外錐體症候群（extrapyramidal symptoms）和因精神藥物所導致的遲發性不自主運動障礙（tardive dyskinesia）的辨認也是同樣的重要。心理治療師的角色並非根據症狀來進行身體上的診斷，而是當發現有危險性徵狀時能督促案主，告知他的醫師（以案主的同意為前提），並與醫師直接針對症狀進行溝通。

能自在的與案主或醫師討論身體上的問題，治療師將會對案主的問題有更完整的觀點。通常，在辨識重要的心理問題和覺察對於症狀的不正確心理性歸因上，治療師一直扮演著確保診斷正確性的角色。身體與心理因素的交互作用決定了身體與心理的健康，這是很重要且很吸引人的研究領域，同時它對於與老人進行心理治療所會遭遇到的臨床工作議題提供了豐富的經驗。

心理 vs. 社會

同前幾章所討論的，除了現有提供給老人的資訊與轉介服務之外，治療師也有可能會發現某些老人是在尋求心理治療之外的協助，例如需要送餐服務、居家清掃或是需要一位朋友。通常這必須藉由評估會談來確定問題。毫無疑問的，如果案主所需要的是轉介服務或是朋友，他應該被告知與引導至合適的資源。此外，如果老年案主有諸如此類的抱怨，不應該太快結案，因為並非所有的心理問題都是直接呈現的。治療師應該發掘案主先前曾經嘗試解決過的問題與失敗的原因，以及評估這些努力是否與憂鬱、焦慮、恐懼、藥物濫用或人格違常等徵狀有關。

有部分的老人未參與集體用餐方案或老人服務中心，是由於他們並不知道這些服務的存在，有些老人可能是在找尋其他不同型態的社會互動，也有些老人未外出接受服務是因為嚴重的憂鬱症或社交畏懼症（social phobia）。在做診斷的決定時，治療師並非以提供支持性治療的付費友誼來圖利於寂寞的老人（見 Schofield, 1964），而是應該為其尋找一個較持續且可能更廉價的解決方法。當人際的接觸是主要的需求時，則友善探訪方案（friendly visitor program）、同儕輔導、社交方案和各式俱樂部是較合適的選擇。然而，對於憂鬱症與恐慌症的老人，就不宜將他們的問題不正確的常態化，而讓他們在為嚴重但其實是可治療的心理問題尋求協助時遭受到挫折。

在個案工作（casework）與治療之間的決定，治療師應該牢記，一般而言，老人服務網絡較難以容忍怪異特殊的行為（參考 Frankfather, 1977），同時就臨床經驗證實，人格違常或精神官能症的患者可能在參與各類服務方案上會有困難，或是較難以被其他同在服務方案裏的老人所接納。而那些有較嚴重的行為異常或精神疾病的患者，可能會因其異常的行為或思考模式，讓個案工作員感到焦慮而被排除在服務方案之外。在這情況下，唯一可以讓案主獲得資格審核會談的方法是治療師必須出席會談，以「保護」那位審查的工作員。某位案主有妄想的症狀，曾經有言語上的威嚇和不時揮動枴杖的威脅動作，然而並沒有確實的暴力行為發生過。她的肢體活動能力相當微弱，必須花費數分鐘從椅子上站起來，以非常緩慢的速度行走。若以精神衛生工作人員的觀點，實在很難去理解她所能造成的威脅意義，然而審核資格的工作人員確實是十分的懼怕她。因此，有社會服務需求的老年案主，相當有可能因為心理問題而遭老人社會服務網絡所拒，而最後來到治療師的辦公室。

反過來說，由於精神衛生的專業工作人員已習慣接觸異常行為，因此，這些被排除在社會服務網絡之外的老人，在他們眼中可能是可矯正的異常行為，只需要接受社會支持性的服務即可。因而在決定治療問題的嚴重性上，治療師眼中適應良好的案主，卻有可能是提供老人餐飲服務機構裏行為怪異的案主。

在決定案主是否有轉介社會服務的需要而非接受心理治療時，首要的是去檢核當初案主尋求協助的動機，並評估這些動機是否有緊急的心理性憂鬱、人格違常或其他行為問題的症狀。在獲得案主的同意之下，聯繫當初轉介案主的工作人員將會有很大的助益。這些觀察可以幫助治療師為潛在性的案主建立起完整的心理治療評估。

本節結語：照顧範疇的決定

目前，服務趨向廣義地劃分為醫療、心理衛生和社會服務。而其中含括的專業人士包括醫師、心理治療師、社會工作師、復健治療師和護士，以及各專業當中的協助人員。較受歡迎的服務模式是科際整合的工作團隊，並儘可能的將相關的專業含括在其中。一個理想的老人服務模式是結合醫療、心理衛生和社會福利服務等不同的領域，雖然特定的政府規定與保險公司並不支持此整合性觀點。

當所偏好的理想模式不可行時，專業工作人員應透過良好的轉介關係儘可能的達到它，以提供老年案主適切的服務。當心理治療確定是老年案主所需要的服務——單獨的心理治療或結合醫藥與個案工作——則治療師可以開始詢問案主有哪一類型的心理問題。由於器質性腦部症狀、憂鬱、焦慮和精神異常之間並不容易區辨，因此適當的診斷對於老年案主特別的重要，對於治療也有相當重大的意義。

先前的討論說明了治療師處於醫師與社工師之間，不免有人可能會疑惑到底那一部分才是由治療師主責。由於心理治療是近期才投入老人服務的範疇（護理與社會工作已投入數十年；醫藥隨後才加入這個領域），即使是與治療師同在老人服務網絡中的工作夥伴也會有相同的疑問。答案相當直接：老人確實會有心理上的問題，包含憂鬱、焦慮、恐懼、妄想、婚姻關係失常和混亂的家庭關係。很顯然的，這些都是心理治療師所處理的問題。然而同樣的，現今的情勢似乎並非單獨由醫師、社會工作師、老人服務網絡的提供者或甚至是治療師就可以辨認或治療老人的心理問題。這決定的過程在辨別心理疾患的部分會有所討論。

心理疾患的確認

辨別心理疾患對任何一個案主而言都是很重要的，對老人而言更是個顯著的議題，主要的原因是失智症與急性譫妄症狀（acute delirium）在老人人口當中普遍的情況。如今已不可能不去評估老年人記憶力的衰退是否為阿茲海默症早期的徵兆。再者，由於抱怨記憶力衰退在老人當中是很常見的情況（Zelinski, Gilewski, & Thompson, 1980），外加案主經常遺忘（或故意遺忘）治療師所指定的家庭作業與其對治療的洞察力，往往讓治療師經常得懷疑老年案主的記憶功能，即使案主自己並沒有對此提出問題。

在確定案主的認知並無缺損之後，評估尚未結束，老年案主與年輕的案主一樣，會有各種不同的問題。傾向於認為所有或大部分老人的心理問題都與憂鬱症有關者，僅較相信所有的老人問題都與失智症有關稍微好一些。一個常見的問題——諸如社會退縮和自我疏離，可能是因為憂鬱症、痴呆症、焦慮症、恐懼症、酗酒、妄想症或是精神分裂症等症狀所造成。這個部分的討論已進入圖 5.2（頁127）中間部分的第二層級。

想要正確無誤地評估老人，其所需具備的專業知識程度尚未有一定論，而且部分是有爭議的（見 Gallagher-Thompson & Thompson, 1995；Niederehe, Gatz, Taylor, & Teri, 1995）。大部分的老人在心理治療的實務工作中，可以經由主責的治療師做出正確的篩檢，這些治療師不僅具有相當豐富與老人接觸的經驗，也可以正確的為年輕成人評估這些問題。有部分的個案則必須藉重更專業的臨床老人心理治療師（clinical geropsychologist）或老人神經心理治療師（neurogeropsychologist）。在此較受爭議的是，專業性不足的治療師是否能夠認知到自我專業上的限制而做出適時的轉介。

接下來的討論摘述了不同的精神疾病、診斷的原則和簡短的案例說明。其中包含老年失智症、譫妄、憂鬱症、妄想症、焦慮症和精神分裂症。首先討論器質性精神疾病，並非它很重要或是很普遍，而是因為它與老年的連結性相當高。必須先確定器質性病理學是否能解釋問題之後，其他疾病因素才能被提出。想要對於精神疾病有更詳盡的認識，可以參閱列於此章之後的參考書籍。

一般性老化與失智症（Normal Aging vs. Dementia）

在進行老人評估時，首要的問題是先確定案主是否呈現了某些程度的瀰散器質性腦部疾病（diffuse organic brain disease）。雖然區辨心理疾患與神經性疾患（neurological disorders），對於任何年齡層的個案而言都是重要的，然而器質性腦部病症確實是隨著年齡增長而增加。除此之外，器質性腦部病症的發病歷程緩慢，以及其隨著阿茲海默症而擴散的特性，使得區辨的診斷益加困難。更複雜的是，如同第一章所討論，隨著老化而來的智能反應遲緩和記憶力減退，可能會被缺乏經驗的治療師誤解為器質性腦部症候群的徵兆。然而這些正常的改變對高齡者而言是很常見的，同時在七十五歲或八十歲之後，認知能力也可能會呈現一些衰退的情況（見 Schaie, 1990）。

另外一個造成混淆的來源，是因為社會其他層面的正向改變所帶來非預期性的負面結果。自一九八〇年以來，針對阿茲海默症以及其他失智相關疾病的公共教育持續增加，這樣的改變對於失智老人和家屬而言是正面的，因為它將可引發更多社會大眾的了解與同理，同時也為失智症所苦的人擬定更合理的公共政策。然而，當社會大眾對於失智症有更多的認識時，卻也導致更多的案主、家屬和缺乏經驗的專業工作者自行診斷。當診斷正確時，結果是正向的，但當診斷錯誤時，那將是個悲劇。因此，對於疾病更多的認識與關心，是必須藉由正確的診斷來予以平衡。

本質上，相較於一般老化的過程，失智症所造成的改變不論在質或量上都是較顯著的。反應遲緩對失智老人而言尤其明顯。例如，Klingner 等人（1976）發現了在老年志工與年輕志工之間平均有 0.1 秒的差距，然而在失智老人與一般老人之間卻是那三倍以上的差距。一般老人會經常抱怨記憶新朋友名字的能力越來越差，或是回想不起來東西擺在哪裡。然而中度至重度的失智老人則是已經記不住家屬的名字、他們自己的過去、居住的地方，以及短期內發生的重大事件。這些差異使得失智症的判定較為容易。在病症發展的初期，失智老人與一般老人之間是難以區辨的，他們是漸進式地惡化至中度，最後至重度。因此在正確診斷的難度上，也會隨著失智病症的逐漸發展，由無法辨識至輕而易舉。

專門用於發現年輕成人器質性精神疾病的診斷工具，

例如：Halstead-Reitan、魏氏記憶量表（Wechsler Memory Scale-Revised）和魏氏兒童智能量表（WAIS-R），目前已有部分被運用於較年輕的老人和老老人身上（見例證：LaRue, 1992；Storandt & VandenBos, 1994）。這些工具特別適用於診斷急性、特定的精神傷害，而較不適用於診斷慢性或發展性的精神疾病（請見 Matarazzo, 1972）。目前可獲得最佳的失智評量表，諸如：簡式智能量表（MMSE；Folstein, Folstein, & McHugh, 1975；Folstein, Anthony, Parhad, Duffy, & Gruenberg, 1985）。這些檢測的工具是有所限制的，且有相當高的誤差率，特別是對於低教育程度的老人、受過高等教育的老人以及有精神症狀的老人而言（見 Folstein et al., 1985）。一項由 Christensen, Hadzi-Pavlovic 及 Jacomb（1991）完成的後測分析（meta-analysis），再次確認這些檢測工具的價值〔MMSE；馬提斯失智評量表（Mattis, 1976）、貝斯失智量表（Blessed, Tomlinson, & Roth, 1968〕，以及簡式精神狀態問卷（Short Portable Mental Status Questionnaire）〕。再者，巴斯克選答回想程序（The Buschke Selective Reminding Procedure）（Buschke & Fuld, 1974）、魏氏記憶量表（Wechsler Memory Scale）之總分和選擇性的附屬測驗，以及波士頓指名測驗（Boston Naming Test）（Kaplan, Goodglass, & Weintraub, 1983）都顯示了檢測失智症的可能性，甚至包括輕度的失智（Christensen et al., 1991）。當然，一般老人與失智老人在分數上的差距會隨著診斷過程的確實性與嚴謹的程度而增加（Storandt & Hill, 1988）。

在評估老人認知能力的退化，醫學性的檢測傾向於採用非決定性的結論。由於失智症尚未有解剖學上的驗證，因此一直還未有很明確的醫學檢測標準。現今失智症在醫學檢測〔包含大部分的心象技術（imaging techniques）〕的設計上，是由觀察到的症狀中排除有可能治療的因素〔見 McKhann et al., 1984，及精神疾病診斷與統計手冊（DSM-IV），美國精神醫學協會，1994〕。在排除其他因素後，這診斷是基於心智狀態的檢查、行為的觀察和過去的病史所歸納出的結果。因此，就現況來說不論診斷是由誰來操作，實際上診斷的本質是心理性的。

在辨別常態老化與失智症兩者，主要問題是於失智症的前期，兩者的症狀是必然的重疊。換言之，失智者會有一段期間經驗到認知上較不明顯的改變（很可能還無法檢測得到），然後最終會轉變成明顯的認知功能的退化。然而其他的老人可能也同樣會留意到或經驗到認知功能改變的焦慮，但這些改變並不會造成諸如失智症一般的失能情況，而是相較於成人階段，其在某些功能上會有部分的改變。直至目前，也只有重複的檢測才能確實地區辨兩者。

目前，憑藉著很少數的判斷準則，加上關於失智症或一般發展性老化的明確資訊相當有限，使得心理治療師陷入難以區辨兩者的處境。評估的決定是相當重要的，臨床工作者必須能掌握當前的發現，並整合和失智老人、一般老人與其他失能老人進行治療的經驗。假使沒有這樣的專業程度，將很可能輕易地就採用如「所有的老人都是失智老人」、「所有行為異常都是失智症」、「只有那些有很嚴重失能情況的老人有阿茲海默症」的判斷。

以適切的臨床經驗為前提，臨床工作者將可以自在的面對一般老人當中會有的差異性，學習在老人抱怨記憶退化當中記錄下他真正的改變，追查記憶力的穩定度與變遷，和了解記憶力改變對案主日常生活自理能力的影響。這些能力乃取決於運用接下來在失智症這部分所提到的失智檢測量表、案主對於本身過去的認識，與臨床工作者對於各類型老人的了解——不論他是否有明顯的記憶力喪失。在學習過程當中，很重要的部分是知道何時應該將特別困難的個案轉介至更專業的評估。而這樣的決定也必須仰賴對於多種心理疾患的認識。

與年齡相關的記憶力損害（Memory Impairment）

近年來，介於常態老化與失智症之間，已區別出另外一個新類型的記憶力損害。此概念是指有部分的老人所經驗到的記憶力損害，雖然已影響到日常生活功能，但卻尚未繼續惡化或發展成為嚴重的失智症狀。在診斷上這仍然有一些爭議性，在 DSM-IV 當中其被歸類於「可能為臨床關注焦點的其他狀況」（與年齡相關的認知能力減退，780.9）。對於不贊成此說法的人而言，認為其與常態老化，或因改變所引發的一般性焦慮，或與源於非發展性的腦部疾病、損傷、慢性惡化等因素所產生的改變之間造成混淆（Crook et al., 1986；Reisberg, Ferris, Franssen, & Kluger, 1986；Rosen, 1990；Smith, Ivnik, Petersen, & Malec,1991）。確實有需要進行研究以釐清並區辨上述狀況。目前，此概念最主要的價值在於提醒並非所有的記憶力損害都會持續惡化，即使是記憶力的喪失已促使工作或複雜的社會行為必須因此而有所改變的情況。

失智症（Dementia）

失智症這個名詞意指認知上的損害，是表示由先前較高層級的功能轉變至較低層級。失智症推測導因於大腦的疾病，或是因身體障礙進而影響到大腦的功能。在評估老人的功能時，很重要且必須牢記的是因失學所造成的認知缺陷：有些老人終其一生都處在發展性的障礙之下（或是較低的智力），另有部分老人的測驗分數會落於認知缺損的範疇之內，是因為低教育水平或是語言隔閡所造成的。

據統計數字顯示，六十五歲以上的老人，約有 5 %蒙受中度至重度失智所苦，另外有 5 %至 10 %遭受到輕微的認知缺損。失智症狀的出現最早有可能在四十歲左右發生，其發生率隨著每十年而增加，而在八十歲會達致 15 %到 25 %的發生率（請見 Anthony & Aboraya, 1992；LaRue, Dessonville, & Jarvik, 1985）。此外，有部分研究結果顯示更高的數據，八十歲左右的族群，可能會有一般認知能力的改變或是輕微的失智症狀，雖然其所使用的測試方法似乎仍無法清楚區別一般認知能力的改變與輕微失智症狀之間的差異。事實上並非所有的人都會因活得長久而衰老。同時，必須特別留意的是對於普及率所呈現出來的數字是需要持保留態度的，很顯然的，要去統計一種不易診斷且經常會發生誤診情況之疾病的普及率，會有很大的困難。而在辨別常態老化與失智症的問題當中，錯誤診斷的機率也很可能隨著年齡而增加。

在行為上，失智症的主要徵兆是智能上的減退，通常最先被留意到的是記憶功能上的衰退。一開始的症狀可能會包括對於重要約會與熟識親友的姓名有記憶上的困難，以及持續不斷的遺失重要物品。這疾病削弱患者的計算能力、對於環境的理解力，與進行任何長度的對話能力；到了失智症的末期將會使患者的身體功能終至瓦解。這些改變大部分是在清楚的意識狀態下進行的，換句話說，患者在當下依然是清醒的，仍然可以進行有條理的對話直到其語言能力的喪失。一般而言，失智症患者仍可以保有進行社交性對話的能力，只要對話的對方沒有導入需要記憶的話題，或是其他人並不知道詢問患者之問題的正確答案為何時。即使是臨床工作者，在與案主對話後，也會認為案主對於過去事物有不錯的回想能力，然而大部分的案例顯示，臨床工作者並不知道案主所回想的事件是否確實發生過。

通常失智症患者並不會有極度的情緒障礙。在失智症的早期階段，有部分患者會因失智的過程而感到憂鬱，就如同伴隨心臟疾病或癌症所引發的失落感一般（見 Newton, Brauer, Gutmann, & Grunes, 1986）。當失憶的情況愈加嚴重，情緒障礙經常是以短暫的情況呈現，因為導致情緒不適的原因很容易就被遺忘了。這些因素是失智患者尚能憑藉的力量，但也很容易會導致診斷上的失誤，特別是較輕微的缺損或是特定的智力喪失。在未刻意探查失憶情況的簡短晤談當中，讓一位相當有魅力的老人且以極具說服力的說明來解釋前來晤談的原因，可能會使治療師忽略了他失智的症狀。這樣的力量也造成了主要照顧者的問題，意思是專業人員與其他家屬在與失智老人短暫會談後，常會低估了失智老人在家中的問題行為。因此，對話的一致性、討人喜歡的特質、與自主的情緒調適能力都無法作為排除有失智症可能性的準則。

失智症診斷的指標是多面向的。失智症患者可能會抱怨東西的遺失或遭竊；他們可能會因為沒有付帳而招來麻煩；一而再的迷路也是可參考的訊息。由於無法記住社會規則與辨識朋友的身份，自社會互動當中退縮也是經常發生的情況。退縮行為可分為兩種：一則當障礙愈加明顯時，他人愈傾向迴避失智症患者；此外根據文獻，退縮行為有時也可能是憂鬱的徵兆。當與案主的治療關係有所進展時，諸如「你有沒有記憶上的困擾？」的問題，可以自患者那裡獲取許多很好的訊息，也是在正式採用心智測驗以進一步發現記憶力喪失的類型與缺損程度之前的過渡階段；然而，假使案主害怕評量的結果會導致進入機構，這樣的試探是無效的。

阿茲海默症 失智症經常是導因於一種特定的疾病。最常見的病因是阿茲海默症（Alzheimer's disease, 簡稱 AD）與血管性失智症（Vascular dementias, 簡稱 VD）。AD 是一種漸進式的疾病，以緩慢的發病進行，其特徵是快速流失腦部組織，神經原纖維糾結（neurofibrillary tangles）蔓延整個腦部。依據腦部病理學的觀點，其特徵是神經傳導素的衰竭，蛋白質沉澱的增加。現今針對 AD 醫藥治療的主要焦點在於增加乙醯膽鹼（副交感神經的藥物）的適用性，以及採用精神科藥物來控制反映在行為上的症狀。平均而言，AD 患者由病發到死亡約需歷經十至十五年的時間。基本上，約有 50 %至 65 %經正確診斷有認知缺損的老人是導因於 AD（統計數字不一，見 Zarit, 1980；Reisberg, 1981）；然而，近期研究發現在美國以外的國家，血管性失智患者可能更為普遍一些（Rorsman, Hagnell, & Lanke, 1986；Shibayama, Kasahara, & Kobayashi, 1986）。

要正確診斷 AD 是困難的，基本上要確實評估認知的缺損，必須摒除所有可能造成失智的其他因素。這摒除的過程相當重要，而且大部分是奠基於醫學上的評估。在過去十年間，美國許多地區對於正確診斷 AD 已有很顯著的進展；同時，隨著老人醫藥的普及，AD 研究中心已透過媒體推展醫學教育（包含再教育）與公共教育。所謂好的醫學評估必須包含身體檢查來篩檢其他可能的因素。這樣的檢查一般來說應該包括血液化學分析、腦部斷層掃描

（以評估腫瘤、機能障礙與整體性的腦部退化）、用藥的評估、藥物交互作用和酒精飲用情況（McKhann 等, 1984；DSM-IV）。雖然在醫學診斷上已普遍提升，仍有一些臨床工作者還是以舊有的名詞，諸如老化（senility）與老化失智（senile dementia）來取代 AD，而且沒有改變臨床的工作方法。與老人工作的心理治療師必須可以概略的評估身體診斷的正確性，並且當案主有需要進一步身體檢查時可以適時予以轉介。

一般精神治療的實施，在評估認知方面的能力主要是依據篩檢（screening）測驗，諸如：簡式智能量表（MMSE）。一些明顯的實例，不是無法透由測驗獲得證據以顯示認知的缺損，或是沒有記憶力喪失的抱怨及功能缺損的報告；就是在測驗後有清楚的指標顯示認知的缺損。然而透過醫學檢查卻沒有證據顯示有其他的因素造成失智，也並沒有智力喪失與功能損壞的病史。當測驗結果與病史相抵觸，或是有任何證據顯示具有醫療疾病、多重用藥、嚴重情緒障礙、神經疾病徵兆，或是精神疾病症狀時，則需要更專業複雜的精神與神經生理學上的測驗評估。

一般而言，雖然 AD 在智力上所造成的毀損是漸進式的，但是仍然沒有清楚可信的症狀進展模式，更沒有可預測的退化速度。AD 緩慢的病徵讓診斷的確立不易執行，即使退化是持續的進行，家屬仍然很有可能在某次機會當中才確認所有的病症（諸如某次的危機當中案主無法因應漸增的壓力，或是在某次度假中，新的環境造成案主驚慌的反應）。大部分的書籍顯示，AD 患者是穩定的退化，然而大部分患者家庭所描述的情況卻是時好時壞，他們所觀察到案主退化的速度有些時候會比其他時候來得快。這種種的不一致正反映了患者家庭在確認病症時的掙扎，患者家庭對病症的否認也會阻斷特定事件發生時該有的回應，即使患者功能障礙的發生已有些時日。隨著 AD 患者惡化程度的加深，對於照顧者在照顧患者的問題行為上會有正向的效應出現，諸如患者的猜疑或攻擊通常會因記憶的喪失而不再出現（見 Haley & Pardo, 1989）。對於 AD 如需要更詳盡的說明，可以參閱列於本章之後的參考書籍。

血管性失智症 血管性失智症（VD），係指智能缺損的症狀，其與中風（當血管梗塞的範圍很大）或瞬間腦部缺血（TIAs，當造成的機能障礙較小時）有關。比較罕見的是，血管性失智症也可能源於白子症（white body disease）或動脈阻塞（occluded arteries）。相較於 AD，VD 所造成的更是本質上的智能缺損，經常是在中風發生後發病。假使是連續性的中風，則會以階段性的模式進展，在每次中風之後會有某些程度的退化，爾後接續的數週或數月內，功能上又會有部分程度的康復，但復原的程度已無法回到中風前的狀態。然而，假使所發生的是連續性的瞬間腦部缺血，則其退化的模式非常類似 AD。在經過正確診斷證明有認知缺損的老人當中，約有 10 %至 20 %患有多重梗塞失智（multi-infarct dementia），由於其中有部分是 AD 與 VD 混合的案例，因此，這僅是粗略的推估（LaRue,1992；Zarit, 1980）。當然，並非所有的中風都會造成智能上的損害；有些部分是影響到重要的行動能力、視力或其他由大腦所控制的功能。有些中風的患者完全是由醫療或護理之家的體系所照顧，而有部分則可以在精神院所裏看到。對某些特定的個案而言，決定該接受何種治療的標準並非很清楚。

除了要注意認知的缺損和階段性的病程之外，通常向案主取得病史對於確認失智是否導因於血管因素會有很大的幫助。假使案主有任何心血管疾病的病史（例如：高血壓、心臟病、動脈硬化），也發現有認知的缺損，則治療師應該考量到血管性失智的可能性。當然，這樣的存疑是應該與主治醫師進一步的討論，再者，主治醫師也需要透過治療師獲得認知上的評估、行為觀察，或案主對於功能障礙的自述。案主傾向於與治療師分享較多他們對於這些議題的看法，因為與治療師的談話是每週一小時，同時是奠基在良好的關係之上，相較於此，案主與醫師談話的次數較不頻繁，時間也較短。

其他因素 其他造成失智的因素，雖然並不普遍，但對於積極性的醫療處遇是有很大的助益。在這其中有帕金森氏症、腦部腫瘤、腦部重創、正常壓力之下的腦水腫、硬腦膜下血腫（subdural hematomas）。這許多可能性的疾病顯示醫療檢查的必要性，即使患者已有很明確的失智症狀。有很多的案例顯示，嚴重的憂鬱症會造成認知的缺損或很顯著的失智症狀。

譫妄症（Delirium）

譫妄是智能與行為缺損的不同組合，一般是可治療的病症。假使譫妄症狀很快的被發現並接受治療，則患者通常可以回到正常的智力。如果未接受治療，很多潛伏的疾病將會造成永久性的失智。誤診譫妄以及其他可治療的病症為不可治療的病症——包括 AD，是很常見的情況，也是照顧老人的悲劇之一。區辨這些通常是依據充分的行為和心智狀態的評估，而心理衛生專業人員在正確辨別這些病症上，扮演著重要角色。

譫妄狀態主要的特徵是患者意識狀態的混亂。與失智患者的不同在於譫妄患者就是在當下的不清楚；換言之，患者與直接接觸的感官環境並無良好的接觸。對話經常是混淆、不切實際的。譫妄患者可能在同一句話當中改變他的思緒方向。由於患者經常處於不定時短暫性的清楚，因此其在定向感方面的能力，也可能會有一百八十度的轉變（見 DSM-IV, Trzepacz, Baker, & Greenhouse, 1988）。

臨床上與譫妄症患者對話的感受，就好比與重度酒癮者或急症精神病患者對話一般。失智症患者可能不記得他所處的地名，而譫妄症患者則是將不同的地方混為一談，諸如有可能將精神療養院誤認為是二手車停車場。睡眠習慣與心理動作活動（psychomotor activity）的改變是經常發生的情況。幻覺（hallucinations），特別是視覺上的幻覺，在譫妄症患者身上很常見，然而這在失智症患者身上（除了失智末期以外）卻是很罕見的。

一般造成譫妄症的因素有：⑴藥物副作用與休閒性藥劑，諸如酒精；⑵營養失調；⑶急性的醫療疾病，包括感染、未處遇的糖尿病、甲狀腺機能障礙、尿毒症、腫瘤、腦炎、電解質失調、心臟病等等許多其他疾病（多達一百二十種以上的疾病）。顯而易見的，心理性評估必須與醫療評估和照顧相互配合。綜合上述所得的結論是，我們必須了解譫妄症患者往往較失智症患者有更多失能的情況。專業工作者經常會落入一個預設的陷阱：認為譫妄症是可治癒的，因此其所顯現的症狀是較無法治癒的失智症輕微。

心理治療師應該對於譫妄症在行為上的徵兆有所警覺，並清楚的了解患者的病史以猜測可能的病因。診斷與治療都將是醫療性，但可能有部分必須仰賴觀察行為與認知功能的改變。未受過老人醫學的訓練或失智症的評估的醫療工作人員，通常並未針對區辨譫妄症與失智症做好準備〔見 LaRue（1992）針對診斷有更詳盡的說明與建議〕。

憂鬱症（Depression）

憂鬱症發生在老人身上，就如同憂鬱症之於一般年輕人，是有許多的類型。以診斷的名詞來看，其範圍可以由針對低落情緒的調適（對於壓力事件有較長時間的或是嚴重的情緒反應）至重憂鬱症（較強烈的憂鬱，伴隨的是無助感、罪惡感、沒有食慾、睡眠障礙、專注於困擾、死亡或自殺的想法，甚至有精神異常的現象，諸如：妄想，幻覺）。重憂鬱症並不一定與生活壓力事件有關。在年輕族群當中，憂鬱症通常伴隨的是對身體功能有不切實際的想法，有時甚至會有相信自己生病的幻想。而在老年族群當中，同樣會有對於記憶、認知缺損以及大腦疾病等非理性的想法。

憂鬱症一般被認為是老人心理衛生疾病當中較普遍的一種（Anthony & Arboraya, 1992；LaRue et al., 1985；Myers et al., 1984）。一般發生於老人生活當中的重大壓力事件之後。這些壓力包括家人與朋友的死亡或離去。許多憂鬱症的老人，在他們成為憂鬱症患者之前的二至三年間，曾經歷三次或三次以上家人或摯友的死亡。重大疾病或手術亦可能是促成憂鬱症的原因（Phifer & Murrell, 1986）。其他的憂鬱症則可能無明顯的促成因素。

一般人會假設老年人較年輕人更容易遭受憂鬱症所苦。這個想法受到許多研究的質疑，並提出老年人在憂鬱症的罹患率低於其他年齡層（Myers et al., 1984），以及在憂鬱程度上的測量，高度悲傷的情況也較年輕人為少（Gatz & Hurwicz, 1990）。有一份報告認為憂鬱症的普遍率在後來出生的世代中提高了許多，特別是在二次世界大戰之後出生的世代（Lewinsohn, Rohde, Seeley, & Fischer, 1993）。縱然如此，罹患憂鬱症的老年患者很顯然的依然未受到完善的照顧。事實上，對於普遍率的質疑和個體的心理治療需求並沒有互相抵觸。憂鬱症老年患者會受到忽略，主要是因為其被認為是一種正常的現象。因此，想要正視憂鬱症並非是晚年正常的現象，應該加強對憂鬱症的了解並修正對其的看法。

憂鬱症的老年患者往往對於社會性活動有退縮的傾向，吃的愈來愈少，體重減輕，外表看起來很虛弱。他可能抱怨無法記憶所閱讀的內容或電視節目裏的情節。在對話中，可能會抱怨無法回憶過去，執著於人已老或生命已漸至終點的想法。可能會有些暗示性或開放性的意念表達，例如：「活著並不值得」或「如果我能死會更好」。

在憂鬱症老年患者身旁的人，可能會認為患者是因為年老體衰而在身心各方面都有所退化，「和其他的老人一般」。他們可能一不留意就在溝通之中將這想法傳達給憂鬱症患者，或者為患者做許多他們可以自己完成的事務，而加重了憂鬱的症狀。當家屬、鄰居和專業人員本身對於老年階段的憂鬱束手無策時，或者是認同老年階段並無活著的價值時，患者對於死亡的想法或自殺的念頭有可能會因此而加深。簡而言之，老人所處的社會環境和我們本身對於老年階段的看法，往往對於老人憂鬱的情況有很大的影響。

一般來說，心理治療師對於辨識憂鬱症應該是相當熟練，而一位不歧視老人、不放棄治療老人的治療師，要診斷出老人有無憂鬱症也並不困難。以下有許多的因素讓辨別老人的憂鬱症更為複雜。首先，如第三章所述，老年人比較不易去確認自己在心理衛生上的問題，憂鬱症正是其中之一。這表示老年案主比較不會去配合治療師，他們不會一來到辦公室便說，「我非常的沮喪，我需要協助。」他們可能可以很清楚完整地描述憂鬱的症狀，但是卻無法在沒有協助的過程中了解問題的徵結所在。

其次，當醫療問題和藥物處遇併行時，會使得許多憂鬱症的徵狀變得不清楚，特別是身體方面的徵狀。一位健康的年輕成人如果有身體上的不適、睡眠與食慾上的不正常、性慾低落等等，其症狀的意義並不會模擬兩可；但是，老年人很少是與病痛或治療完全隔離的，因此同樣是這些症狀，卻會相當的混淆，有可能是憂鬱症、醫療問題或是藥物治療等當中的任何一種所引起的。

最後，有憂鬱症的老人經常會有記憶問題的抱怨，或擔心自己罹患阿茲海默症。要區分真正造成這些問題的原因並不容易。一般老年人經常能很正確的發覺本身記憶力的改變，其中有可能是老化的正常轉變（Zelinski et al., 1980），也有可能是尚無法檢測出的失智症前兆（例如 Reding, Haycox, & Blass, 1985，發現有 57 %的憂鬱症患者在後續二年內的追蹤，成為失智症患者）。在另一方面，憂鬱症會引發認知功能上的抱怨（Niederehe, 1986），也會改變憂鬱症患者的認知功能（Kaszniak, 1990；LaRue, 1992）。憂鬱症患者經常會表示無法專心或集中注意力，諸如，無法理解電視節目或所閱讀的文章。有時他們也會表達無法記憶他人在對話中所言的內容，以及別人交待他所需要完成的事情。大部分的案例當中，這些功能的障礙是由於沮喪的想法讓訊息無法成功的傳遞並銘留在記憶當中（Hartlage, Alloy, Vazquez, & Dykman, 1993）。這些病症都是需要經過評估的。首次與老人工作的治療者往往過於將記憶力的病症視為失智症的徵兆。反過來說，已經與老人維持良好關係的治療師可能會忽略案主認知缺損的實情。

案例說明

以下的案例說明了有認知缺損的老人在初次會談中可能呈現的不同情況。並非所有的憂鬱症患者都有認知的缺損；有一些患者和年輕的憂鬱症患者一般，只是多了一些白髮和皺紋。

Mary

Mary 正值六十歲出頭，女兒要求 Mary 去接受心理治療，因為她感覺到 Mary 有日益沮喪的傾向。Mary 推掉橋牌的聚會，又捏造藉口不與她一向樂於碰面的朋友會面。她大部分的時間都待在家中，除了看著窗外與偶爾看電視之外，似乎什麼都不想多做。Mary 對待治療師十分的友善。在數分鐘的對話當中，治療師認為她並無急性或慢性的醫療問題，只需要服用維他命。以下是互動的情況：

治療師：妳知道，我的出現是因為Susan相當關心妳的情況。

案　主：是的，我很清楚她的想法。但是，她實在不需如此，我真的很好。

治療師：嗯，Susan似乎認為妳有一些憂鬱。

案　主：喔！我並沒有憂鬱，或是任何沮喪的感受。也沒有什麼好覺得憂鬱。

（事實上，從外表看起來，她一點也沒有憂鬱的表現）

治療師：你最近都沒有出門，也沒有像以往一樣打橋牌。

案　主：是誰告訴你這些？

治療師：是Susan。

案　主：（鬆了一口氣）事情好像不再如同以往了！

治療師：是如何的不一樣呢？

案　主：嗯，在過去我是打橋牌的能手，你知道的，速度快。但是，最近我開始對於橋牌的規則感到混淆。其他的人對我也不再有耐心。所以我就待在家中。（事實上，她說話的聲調顯得一點也不在乎）

治療者：你是不是對於規則的記憶有困難？

案　主：是的，我猜想人愈老就愈健忘。

治療師：你是否也對其他的事物健忘呢？

案　主：人名，我經常記不住人名，我現在就記不得你的名字。（優雅的微笑著）

治療師：你是否只是對於你剛認識不久的人名有記憶上的困難？

案　主：喔！只要是我認識的人。（她說了一個沒有認出她十多年的老朋友的故事）

在經過 Mary 的允許之下，治療師又問了幾個問題以檢閱她的記憶力，證實她對於近幾年的記憶還算清楚並知道自己的生日，但她不能清楚說出自己的歲數。她知道她住處的地址，但說不出她的子女住在哪裡。她對於描述家中較親近的家庭關係有困難，並且不確定 Susan 是她的女兒或是姐妹。整個晤談的過程，她是優雅迷人的。她主動表示她很少出門的原因是有一兩次她找不到回家的路。這個意外事件讓她既害怕又難為情。她居住的環境整齊清潔，而三餐都是自己料理。在晤談結束之前，她提及先前曾與另一位從未謀面的治療師晤談。Mary 並非憂鬱症患者，但是有輕至中度的失智症狀。她仍然有自理能力。在這個階段的處遇應該以支持 Susan 為主，提供一些失智症的衛教，並告知哪裡有支持性團體，和提供因應每日照顧問題的建議。Susan 可能需要接受協助以接受這樣的疾病，並學習減少對母親的期待。

John

John 也是六十歲出頭。他那未經常來探望他的家庭成員，報稱 John 最近「罹患阿茲海默症」。實在很難想像為何他們會認為如此，又或者 John 的狀況突然發生了改變？當治療師到達 John 的公寓，他在治療師自我介紹之前就邀請她進入屋裡。會談的初期顯示，他誤以為治療師是政府住宅當局的工作人員，但是經更正後，John 絲毫不受影響。在他們的對話當中，John 不斷的起身在屋內遊走。

治療師：你是否遺失了什麼？（John 似乎對於問題感到困惑）你看起來好像在找什麼東西。

案　主：他們又偷走了我的鑰匙，我以為你就是為此而來的。

治療師：是誰偷了你的鑰匙？

案　主：自從我來到這家醫院就有此困擾。

治療師：（理所當然的語調）這裡並不是醫院，這裡是公寓。

案　主：是啊！（又開始移動左顧右盼）

治療師：你經常與你的醫生會面嗎？

案　主：是的。我剛於八個月前看過醫生。

治療師：你有服用任何藥物嗎？

案　主：他們不斷地在晚間進來，即使我將門鎖上。

治療師：（有趣的）是誰會在晚上進來？

John 繼續描述一些小人（約三呎高）在晚間進入屋裡並且拿走一些物品。這偷竊行動在他換過門鎖和以重重的椅子阻擋在門口之後仍然繼續。對於其他任何一個話題，John 都給予混淆與矛盾的回答。其中有一點是治療師認為最清楚的陳述，他表示自從妻子過世之後，他的日子就從未好過。他並不曉得她是何時死亡？什麼原因死亡？治療師發現數個藥瓶清楚可見的放置在廚房的桌上。包括（由三位醫師所開的處方）兩瓶少量的鎮定劑、一瓶抑制精神異常的藥物、一種醫學雜誌上建議可以幫助衰退老人加速其腦部血液循環的藥物、兩種心臟藥物以及一種治療師無法辨識的藥物。當他無法回答他都吃了些什麼，治療師取得同意看了一下冰箱，發現一份冰凍的晚餐和一些發霉的肉。當治療師正起身要離去時，他將銀行的存摺拿給她。她將存摺遞還給 John，並再三堅定的告訴 John 應該將存摺收好。隨後很快的安排了一次家庭會議，包括心理治療師在內的團隊，促使家人清除非必要性的藥物，和開始安排送餐服務。治療師每週家訪一次，在兩週之後發現 John 有很顯著的改變。原來 John 是遭受藥物交互作用與缺乏食物所引起的譫妄所苦。

Sara

Sara 是由她所居住的公寓經理所轉介。她「近來衰老了許多」，公寓經理擔心 Sara 是否還能獨自住在公寓裡。她就快要八十歲了。Sara 對於是否要讓治療師進入屋內有一些遲疑，當治療師表達來訪的善意時，她還是答應了。她外表看起來相當的虛弱，行動很緩慢，兩腳搖晃無力。她的聲調柔弱，需要一些時間來回答問題。她直說她的記憶力已不如以往。她有糖尿病，需要飲食控制，有心臟病，並有服用藥物。她的思緒偶爾會渙散，因此治療師經常需要重複說明問題。她抱持著歉意解釋她畢竟是愈來愈老了。

治療師：你似乎在擔心你越來越老，已逐漸喪失了記憶力。目前你在記憶力上有什麼困擾呢？

案　主：我就是越來越健忘。人到了我這樣的年紀都會如此。

治療師：什麼樣的事情你會記不住呢？

案　主：諸如東西放置的地方、人名等。

治療師：是剛認識不久的人或是你很熟識的人呢？

案　主：（停了許久）熟識的人。

治療師：你所指熟識的人有哪些？是老朋友嗎？

案　主：（被激怒但語氣未加重） 到了我這樣的年紀，老朋友都已過世了。剩下的都是我再熟悉不過的人。

治療師：失去這麼多的老朋友一定讓人很難受。

案　主：當你老了還有什麼可以期待呢？（她的語氣帶著敵意，但卻是她首次正眼看著治療師，是一次真正的接觸。）

治療師：確實，有時是相當的不好受。你會經常的感到沮喪嗎？

案　主：幾乎每天清晨醒來，我都會很驚訝為何我還在這裡。我從未想過我會活這麼久；我的父母親在他們五十歲左右就死亡。我不了解我為什麼還在這裡。

治療師：你有睡眠上的障礙嗎？

案　主：我每天早上大約三點或四點就已經醒來。

治療師：你一般幾點上床睡覺呢？

案　主：沒有什麼事可以做，我大約在六點三十分就上床睡覺了。

治療師：你飲食正常嗎？

案　主：我沒什麼食慾。吃的很少，我不能吃任何有鹽或糖的食物，所有的味道都走了樣，實在難以下嚥。

治療師：你的體重有減輕嗎？

案　主：我不曉得，由鏡子裏看來是瘦了一些。

治療師：我可以詢問一些有關你記憶力的問題嗎？

之後是一個很長的停頓，然後是被動的同意。有些問題的回答是緩慢的，其他問題的回答雖然快卻帶有短暫的不悅。她完全無法數數到七，除了建築物的名稱，她也不知道住處的地址。她對於時間變遷的認知是不規則的，同時她不能正確回答某事件是多久以前發生的。其他事項她都能正確地回答。當她被告知有不錯的記憶力時，她並無特別的反應。她縮短談話的時間，不斷表示她很疲倦，也不同意讓治療師下星期再訪。Sara 是憂鬱的。

失智症、譫妄與憂鬱症的組合

失智症、譫妄與憂鬱症這三類病症並非是完全互斥的。有任何其中的一種病症並不表示就可以免疫於其他的兩種病症。失智症老人可能因為智力的喪失或遭以前的朋友拒絕往來而感到憂鬱。他們也有可能因為忘記定時用餐而營養不良，以致產生譫妄症狀。憂鬱症老人可能因為不進食或忽視自身慢性病的照顧，而產生譫妄症狀。有些憂鬱症患者會因為不相關因素而產生失智症狀。可能性有很多，在臨床工作上，往往因為二種或三種病症的混合而顯得更加複雜。對於所有的案例而言，最重要的是不要錯過任何可以治癒的病症。積極性的處遇可以逐日增加譫妄症或憂鬱症患者的日常生活功能，即使是針對嚴重的失智症患者也是一樣。

焦慮症（Anxiety）

憂鬱症、失智症與譫妄此三種病症，佔據了大部分老人相關的臨床文獻；事實上，也涵蓋了大部分心理治療師與老人工作的實務經驗。然而，實際上老年人有可能遭受任何一種心理問題所苦，因此辨認老年人其他類型的心理問題也是相當的重要。事實上，畏懼症（phobias）在NIMH 區域調查（NIMH Catchment Area Survey）當中是居於四種最常見的心理健康問題之首（Myers et al., 1984）。焦慮症是許多治療實務工作共同的焦點，也經常是其他病症的一部分，包括重鬱病（major depressive disorder）。它有可能是很單純的一般性焦慮症，或者是不同型態的畏懼症。在臨床工作上，基本上老年人與年輕人的症狀是相同的，有過度的擔心、肌肉緊張、自律神經系統緊張，以及恐慌症發作（panic attack）的可能性。

如同憂鬱症患者的症狀被當成是老化現象一樣，當老年案主在認知功能上的轉變與高度焦慮症狀相結合（沒有決斷力、無法專注、思考沒有組織性、傾向具體化或視情況而定），案主的焦慮症狀很可能被認為是「衰老」的現象。實際上，在臨床工作當中，沒有焦點的漫談與瑣碎的言詞，是強迫症老年案主有急性焦慮症的特徵。對於較年輕的心理治療師而言，這似乎是最容易被忽略的臨床現象，因為年輕的治療師可能堅持認為這樣的案主一定是認知的缺損。只有當他們觀察到在會談一開始先進行放鬆運動，會使得案主的認知能力有很大的進展時，他們才有可能真正接受焦慮症是促成案主混亂談話模式的原因。

對老人而言，焦慮症所帶來的身體症狀（例如：心跳加快、胃腸痙攣），比年輕案主更容易被解釋為真正的疾病。退休之後，人們相對地較容易退縮，並把自己和容易引發焦慮的情境隔離開來。Anthony 和 Aboraya（1992）提出約有 4.8 %的老人有畏懼症（6.1 %是女性，2.9 %是男性）。恐慌症與強迫性疾患（obsessive-compulsive disorder）在老人比率上都低於 1 %。沒有任何數據顯示老人罹患一般性焦慮症的比例。在第三章當中我們曾討論到治療的障礙，依循該邏輯，許多有焦慮症的老人可能會尋求醫療性的處遇和鎮定劑，而非心理治療或放鬆訓練的處遇。許多有焦慮病症的老人非常有可能是因為鎮定劑藥物的副作用而加速認知的缺損，並進而被認為思緒混淆，有罹患阿茲海默症的可能性。

妄想症（Paranoia）

針對一位不切實際地猜疑他人的老人進行診斷時，應考量到妄想性想法是有多種不同的型態。當然最重要的是，必須確定所猜疑的想法是與事實不符的。老人通常居住在高犯罪率的地區，遭受年輕人的戲謔，為無道德良知的商人所騙，以及被家人以不同的方式集體排拒。倘若案主有記憶力的缺損或是憂鬱症狀，則整個事件的來龍去脈就會變得模糊不清，以致真實的情況很難確認。例如，有一位老奶奶住在精神療養院裏，被認為有妄想症狀，部分的原因是由於她不斷地妄想有一位陌生男子要將她的房子拿走。她有輕微的記憶力缺損，因此無法詳述實情。當她的老友來探望她時，澄清了原先被認為的妄想。她解釋老奶奶所擁有的房子正位於鎮上相當理想且即將要開發的區域。所謂的陌生男子是不請自來的房地產公司業務員，他極力想說服老奶奶將房子賣給他們。

有一種妄想症的型態是因感官功能喪失所造成的。聽力是大量社會性溝通的接收管道，當我們無法聽得很清楚而人們又開懷的笑鬧時，我們大都會懷有猜疑的想法。對於有聽力障礙的老人而言，社會互動是更為複雜的，因為有許多的年輕人自在的在老人面前討論老人，好似他們不在場一般，並且替老人做決定卻未讓老人參與決定的過程。在這些情況下，也難怪一些有聽力障礙的老人會變得很猜疑，甚至會有被害妄想和受威脅感。而有視力障礙的老人經常處於不清晰的世界裡，同時也遭受到身體上的隔離。不良的視覺感受與孤獨感，成為相當真實的精神性妄想或甚至是幻覺經驗的基礎。然而，這些妄想通常是欠缺完整訊息的。在這樣的情況下，如果能矯正老人的感官功能，並與有障礙的老人建立起溝通的管道，向重要他人示範如何溝通，通常是可以除去這些妄想症狀。然而，並非所有的家庭成員都可以符合治療師的期待，有意願去協助老人感官功能的矯正，或是重新建立起溝通的方式。當沒有意願的情況發生時，其表示問題乃源自於家庭系統。

老人妄想症的第二種型態是發生在記憶力受損的老人身上。佔妄想性精神症狀絕大部分的威脅感與情緒性緊張，通常不會在這類個案身上看到。大部分所呈現出來的是一些妄想性的想法與其對於他人的指控。也可能會因為那些妄想而引發悍衛性的行為。然而，更正確的是去了解這些「妄想」，其實是記憶力喪失直接產生的結果。患者的行為模式是忘記了有些物件已被出售、送出，或者是用掉了！在這樣的情境下，對老人而言，相信物件是遭偷竊，會比向自己或他人承認自己健忘來得容易多了。以這不正確的想法為前提，所有的行為都因而有真實的措詞。被「偷」的物品，可能是很貴重的（數十萬元的存款），或是微不足道的（舊襯衫或是豆類罐頭）。情緒的反應通常比較會是暴怒，而非遭竊後的義憤填膺或是受侵犯的感受。如果患者身邊的人與患者爭論他的想法是錯誤的，或是對於患者錯誤的指控而感到憤怒與苦惱，或是枉顧指控者失能的情況而表現出憤慾，通常只會使得情況更加糟糕。一個較好的策略是去認同老人在記憶缺損後的失落感與害怕，並且去增進他的安全感，不爭論、不強辯，只是要不斷的去對老人面質記憶力喪失的事實。假使記憶喪失的情況日益惡化，這個階段一般將只是暫時性的。

第三類型老人妄想症的狀況是真實性的妄想性精神病。它可以是老人在晚年期間才首次出現妄想症狀，也可以是妄想症患者在有或無精神醫療單位接觸的過程中日益老化。本質上，其症狀與年輕的患者一般，有相類似層級的高度焦慮和威脅感。不像失智症是假性的妄想，真實的妄想症比較會有被毒害、被中情局的人跟蹤、受複雜的電子儀器所監視等威脅感。在心理治療與藥物的處遇上，老年患者與年輕患者類似，同樣於初期建立關係上特別地困難，因為他們不容易與治療師建立信賴關係。與年輕的患者一樣，妄想症的老人會覺得身旁的人往往會在他們的背後談論他們，共謀排擠他們，以及偷偷在他們的食物裏放藥。藉由技巧與經驗，是有可能慢慢的和妄想症老人建立起關係，同時這也是在精神藥物治療開始之前，必須建立起的關係。請參考案例書中的 Sophia（Knight, 1992）作為與妄想症老人工作的案例。

為能更深入的進行老年案主的診斷，必須留意有部分情感性精神病案主（躁症或鬱症）也會有類似妄想症的想法。對於這樣的例子，最佳的評估策略是選擇最能與整體臨床現況達到一致性的診斷，然後計畫相對應的處遇措施，並將其他的可能性牢記在心以作為替代性的選擇。處遇後的回應與治療過程中所獲得的訊息，將有助於去澄清選擇是否正確。同時，這也指出一個很重要的現況：老人在我們社會當中的角色，往往是受到脅迫、被佔便宜、被剝奪個人的權力與重要性。這些因人類基本需求所帶來的挫折，是許多近似妄想症想法的心理動力來源。

以上摘述了老人妄想症當中多種不同的型態，其中的準則必須多加留意。感官的缺損及其帶來的溝通問題，必須被排除是構成妄想症的原因。「妄想」的內容和情緒強烈的程度可以作為區辨的指標：到底猜疑是記憶力缺損所衍生而來，或是單純的妄想症？被迫害的想法不應該成為是否有妄想症的診斷原因，而忽略了情感性精神病的可能性。

精神分裂症（Schizophrenia）

老年階段的精神分裂症在近期獲得較多的注意（Light & Lebowitz, 1991；Miller & Cohen, 1987）。精神分裂症患者也會老化，同時也有證據顯示，部分的精神分裂症患者是在進入老年期之後才初次發病。後者的現象已多次在英國獲得確認（例如：Roth, 1995）；然而在美國，如果初期發病是在四十五歲以後，DSM-III 的診斷標準（American Psychiatric Association, 1980）已明確的排除診斷精神分裂症的可能性。DSM-III 的修正版（DSM-III-R；American Psychiatric Association, 1987）稍微改變了它對此的用語，而在 DSM-IV 則描述晚發性的精神分裂症通常和早發性的病症是相似的。

精神分裂症一度被認為是早發性的失智症（dementia praecox），當時認為失智症是老化現象的一種。在某些精神醫院，普遍的會對在六十歲生日後仍然沒有任何行為改變的長期精神分裂症患者，再次進行診斷。發生於一九五五至一九七五年的去機構化運動期間，有許多老年精神分裂症患者，由州立醫院搬遷至護理之家或是安養護中心，因此不再被視為精神病患者。有此一說，精神分裂症會隨著患者步入老年而自行消失，例如在某種程度上，案主的症狀減緩、急性病發的次數減少或甚至不再出現。然而，事實上大部分長期的精神分裂症患者，有大半的人生是住在精神醫院、護理之家、提供膳食與照顧的住宅（board and care homes），或是旅館裏的單人房。有一些人加入老人文康中心、集體餐飲方案，以及其他提供老人服務的場所。有些人仍然有急性精神異常症狀，如幻覺、妄想和怪異的行為。當急性病症沒有出現時，他們應該可以在一個允許某個程度異常行為的環境內適應良好，諸如未發病期間的無精打彩和特立獨行的社會行為。

基於多年的病史，大部分的長期患者對於哪一類型的處遇方法是他們最佳的選擇相當有概念。自州立醫院到他們新的住所，鮮少有病患繼續接受他們應得的處遇，因為精神醫療服務並沒有進行後續的追蹤。許多病患遭受到其他老人以及老人服務網絡工作人員的歧視，這些人視他們為瘋子並且排斥他們。很顯然的，以社區為基礎的處遇和社區教育，應加強對老年長期精神疾病的認識與接納。若全然以個人的角度來看，老年精神分裂症患者同時也是了解美國精神衛生治療史很重要的口述歷史資源。在這個族群中，較年輕的老年精神分裂症患者代表了首批在社區式照顧年代中，接受社區精神照顧的老年精神病患者，他們很少會有或完全沒有於州立醫院年代的經驗。相較於早期接受大規模機構式照顧的世代，他們或許會有不同的症狀和處遇的需要。

酒精和其他藥物濫用

酒精和其他藥物的濫用在老人當中是相當普遍的問題，也是治療討論當中經常被忽略的問題（包括此書的第一版）。詢問關於飲酒與處方藥物服用的情況應該是完整性評估的一部分。試探關於過去與目前藥物濫用的問題，可以幫助已經準備好承認濫用問題的案主，開始進行該議題的討論。評估老年案主與年輕案主的問題是相類似的：案主通常會有意掩飾和否認他們的問題。評估時可以有許多可觀察的線索：酒精的氣味、失焦或迷惘的眼神、行走不穩、無故跌倒、由不同醫師或藥局開立的處方藥品。每次會談之間，案主在情緒或認知上毫無理由的轉變，以及無故換醫生，都是值得留意的徵兆。

自殺

長久以來，自殺一向被視為是老人相當嚴重的問題之一。特別是白人男性，壓倒性的成為美國自殺死亡案例的代表，不論以年齡或性別的角度觀之，他們都是自殺死亡的最高危險群（McCall, 1991；McIntosh, Santos, Hubbard, & Overholser, 1994）。老人的自殺率自一九三〇年代到一九八一年逐年下降，之後又再度上升（McCall, 1991）。老人在蓄意自殺與自殺死亡的比率上較年輕人低了許多（McIntosh et al., 1994）。

自殺通常被斷言與憂鬱症有很緊密的關係，但是也有證據顯示，酒精濫用、精神異常，和器質性腦症候群都有可能促成自殺，雖然這些因素與老人自殺的關係並沒有被充分的研究（McIntosh, et al., 1994）。Knight（1994）提出，非阿茲海默症失智患者：血管性失智症和拳擊手失智症（dementia pugilistica，因腦部重擊而造成的失智症狀）的自殺死亡，近來已開始受到注意。

就目前所知，老人自殺評估與一般性的自殺評估並無多大的差別，評估內容應包含自殺意圖、計畫、計畫的致命性，和先前企圖自殺史的評估。以我的實務經驗，實有必要去評估自殺意圖的明確定義。有許多老人論及死亡時不帶任何沮喪的情緒或自殺的意圖，並以此來驚嚇較年輕的人。憂鬱或不憂鬱的老人，都有可能期待或甚至等待死亡的來臨，卻不帶有任何自殺的意圖。無法接受自殺的理由，通常包括宗教信仰或覺察到可能會對家屬的情緒造成衝擊。不論是老人或年輕人，任何已表達出的自殺或自傷意圖都應受到審慎的考量。

要更進一步評估老人自殺的問題，應考量到自殺也有可能是理性的決定，如自殺是因為難耐疼痛與漫長的疾病、日漸失智，或因疾病而日益衰弱。在這類案例當中，心理治療師的角色應該是去評估憂鬱症、認知缺損、自殺所帶給家庭的壓力，和其他可能危及理性決定的心理因素。治療過程中，應該提供積極性的處遇給以上所有的案例。整體而言，當人們的自殺是理性的抉擇時，他們並不會認為有需要與心理治療師會談；因此，只要有人主動尋求治療時，應該就可以推測他們是希望能夠找到活下去的理由。另一方面，假使老人在醫療機構中，因考慮結束生命而被轉介（許多州正進行安樂死的提案），或在法令上強制必須接受心理治療，則自殺的意圖不該被視為是精神疾患的決定性證據（請見 McIntosh et al., 1994，針對此議題的討論）。

其他心理疾患

首先，必須清楚的確認「其他病症」是包括所有年輕人可能會有的心理疾患，諸如 DSM-IV 當中所列的性心理問題、人格違常、行為失序（conduct disorders）等等的問題。某些疾患的特定症狀，可能會因老年情境而有所改變；長期心理疾患的嚴重性，可能會因退休後社會環境的轉換而有所減輕或增加。絕不會因為超過六十歲，這些可能性的轉變就被排除在外。

關於老人情緒性問題和人格特質的標準性評估，在過去的九年內已有一些進展。不過相較於認知上的評估，老人在情緒方面的評估比較沒有獲得大家的共識。這樣的不足是很讓人難過的，因為相較於質疑失智症是否造成認知的缺損，情緒性的問題往往才是治療師與案主必須去面對的真正問題。一些近期出版的人格評估工具（例如 MMPI-2），至少已有年輕老人（介於六十和七十歲之間的老人）的常模。大部分與老人工作的臨床工作者和研究人員主張應儘可能使用簡易測量表。貝克憂鬱量表（Beck Depression Inventory）（Beck, Ward, Mendelson, Mock, & Erbaugh, 1961）、CES 憂鬱量表（CES-Depression Scale）（Radloff, 1977），和老人憂鬱量表（Geriatric Depression Scale）（Yesavage et al., 1983）都已廣泛的運用在老人身上。史班伯格特質狀態焦慮測量表（Spielberger State-Trait Anxiety Inventory）（Spielberger, 1984）也已運用於老人的研究，它有 SCL-90 和症狀測量表（Brief Symptom Inventory）較簡式的版本（Derogatis & Spencer, 1985）。所有簡式的測量表是有其限制的，它們所測量的內容都相當的表面，而且可能會被有心的案主所操控。另外很有可能的問題是，原來就抗拒心理治療的老年案主，更可能會在初次會談當中就以抗拒大量的書面評估工作做為藉口，來推拒參與治療。我個人的想法是去敏感到此問題，儘快的與案主進行會談；如果可行，可以將書面的評估延至第一個小時之後或甚至是下一次的會談。

任何一位治療師因案主的狀況而束手無策時，都會因任何能夠提供嶄新觀點的資源而感動。與某些特定案主的治療進行至中程時，傳統的測驗，如明尼蘇達多相人格測驗（MMPI）、羅夏墨漬測驗（Rorschach）和主題統覺測驗（Thematic Apperception Test, TAT），對老年案主而言是可接受的，甚至會令他們感到興奮。基於當前在客觀性測驗有限的協助之下，要區辨老年案主的情緒問題，是必須仰賴臨床的會談和臨床工作者的診斷技巧。

處遇的選擇

當評估工作完成，而且治療師心中已有暫時性的診斷，這表示已進行到評估的假設性目標：處遇的選擇（請見圖 5.1，頁 123）。在此，治療師對老年案主的認知狀態、情緒壓力的本質，以及是否有醫療性和社會性問題需要被處理，已有一番見解。某些案例評估的結果，老年案主是一般醫療性和社會性問題的老人，只需要轉介服務即可。其他的案例則可能是老人在認知缺損上過於嚴重，以致心理治療無法有所作用。在這些案例中，諮詢對失智症專精的同事，或許對於協助失智案主找到處遇方法有所幫助；亦可以和家屬一起合作以改善整體的處境。

評估往往是治療的開始，可以引導治療師專注在適切的問題上。或者更可以說，評估可以引導多重問題的確認，有些問題是治療師本身就可以處理的，有些則需要與醫師、個案工作者與其他在老人服務網絡中的工作人員一起合作。如圖 5.2（頁 127）所見，醫療和社會服務性問題的本質可能在於心理問題。在這樣的情況下，合作協調則更為重要。

目前，雖然由評估到處遇的過程並不全然的一致，然而在診斷類型上的廣度確實對處遇有相當重大的意義。了解案主是否有認知的缺損、是否可治癒、是否日益惡化，絕對是很重要的。這些決定將會影響治療師所提供的治療方式、是否應該提供治療，以及如何回應案主忘記與治療相關的訊息（例如是失智或是刻意遺忘）。

當知道主要問題是憂鬱或焦慮，這表示所採用的治療方法將與精神異常、酒精濫用和人格違常不同。做出決定並知道如何進行下一步，是治療師專業的一部分。在本書接下來的章節，主要的焦點在於運用在老人身上特殊的治療方法（慢性病老人的處遇、悲傷處理和生命回顧），而非闡述一般也可運用於年輕案主的治療觀點。如果評估是正確的，大部分的治療師會自然的經驗到我所介紹的這些概念。

在某些服務老人的機構，評估的目的好像僅是為了評估。當這樣的情況發生時，評估者必須思考評估的目的為何。以下的部分是探討評估結果的價值，和大環境是如何影響評估的運用，與其對決定的影響。

以評估為準，衡量選擇的價值

本章所使用 Bayesian 的決策模式，說明了在不確定的情境之下所做的決定，以及對於不同的評估結果所賦予的不同價值，都將可能會適度的影響處遇的選擇。在一篇對於心理測驗和評估的經典報告裏，Rosen（1971）表示，評估的決定總是會有誤差的，因此所做的決定應該能被容許介於高偽陽性（false-positives）或高偽陰性（false-negatives）之間。他認為當我們評估自殺時，應採用容忍高偽陽性，因為防止自殺的價值，遠超過因為錯誤診斷所需增加戒備和積極性治療的費用。在評估早發性失智時，則可容許的應是高偽陰性，因為發現和矯正可治療的失智原因是非常重要的，且持續的處境將有可能會使錯誤隨著時間的流逝而變得更為清楚。

在某些機構，心理性評估可以被用於達到非以案主為中心的目的。在美國醫療管理（managed-care）的醫療單位中，心理性評估是用來證明醫療性處遇終止的正當性，而不是保證提供一個有效的心理治療處遇。心理性評估也可能是被用來將個案遷移出長期照顧機構，而非協助他們獲得治療。

同樣的準則，也可以被運用於轉介或是尋求諮詢的決定。未能將案主的身體症狀與藥物副作用的可能性告知其醫師，所需付出的代價為何呢？通報與未通報老人虐待的得失為何呢？將酒精濫用的案主誤診為憂鬱症患者的代價又為何呢？這些問題在臨床工作中隨處可見，對於老年案主而言又更加的顯著，因其問題幾乎是橫跨不同領域，並且需要心理性評估來區辨之。對於治療師而言，可能的安全措施是將心理治療視為臨床試驗，在測試初次的診斷架構之後，並能在與案主接觸的過程中持續的評估。

建議進一步閱讀的文獻

總論

Albert, M. S.（1988）. *Geriatric neuropsychology*. New York：Guilford.

Blazer, D.（1990）. *Emotional problems in later life*. New York：Springer.

Carstensen, L. L., & Edelstein, B. A.（Eds.）.（1987）. *Handbook of clinical gerontology*. New York：Pergamon.

Jarvik, L. F.（1988）. *Essentials of geriatric psychiatry：A guide for health professionals*. New York：Springer.

LaRue, A.（1992）. *Aging and neuropsychological assessment*. New York：Plenum.

Lewinsohn, P. M., & Teri, L.（1986）. *Geropsychological assessment and treatment：Selected topics*. New York：Springer.

Storandt, M., & VandenBos, G. R.（Eds.）.（1994）. *Neuropsychological assessment of older adults：Dementia and depression*. Washington, DC：American Psychological Association.

焦慮症

Salzman, C., & Lebowitz, B. D.（Eds.）. *Anxiety in the elder-*

ly：Treatment and research. New York：Springer.

譫妄症

Lindsey, J., MacDonald, A., & Stube, I.（1990）. *Delirium in the elderly.* Oxford, UK：Oxford University Press.

失智症

Aronson, M. K.（Ed.）.（1988）. *Understanding Alzheimer's disease：What it is, how to cope with it, future directions*. New York：Scribner's.

Aronson, M. K.（Ed.）.（1994）. *Reshaping dementia care*. Thousand Oaks, CA：Sage.

Bergener, M., & Reisberg, B.（Eds.）.（1989）. *Diagnosis and treatment of senile dementia*. Berlin：Springer-Verlag.

Cummings, J. L., & Benson, D. F.（1992）. *Dementia：A clinical approach（2nd ed.）*. Boston：Butterworth-Heineman.

Hart, S., & Semple, J. M.（1990）. *Neuropsychology and the dementias*. London：Lawrence Erlbaum.

Jarvik, L. F., & Winograd, C. H.（1988）. *Treatments for the Alzheimer's patient：The long haul*. New York：Springer.

Mace, N. L.（Ed.）.（1990）. *Dementia care：Patient, family, and community.* Baltimore：John Hopkins University Press.

Mace, N. L., & Rabins, P. V.（1991）. *The 36 hour day.（2nd ed）*. Baltimore：John Hopkins University Press.

Miller, E., & Morris, R.（1993）. *The psychology of dementia*. Chichester，UK：John Wiley.

Reisberg, B.（1983）. *A guide to Alzheimer's disease*. New York：Free Press.

憂鬱症

Blazer, D. G.（1993）. *Depression in late life（2nd ed.）*. St. Louis：C. V. Mosby.

Schneider, L. S., Reynolds, C. F., Lebowitz, B. D., & Friedhoff, A. J.（Eds.）.（1994）. *Diagnosis and treatment of depression in late life：Results of the NIH Consensus Development Conference.* Washington, DC：American Psychiatric Press.

精神分裂症

Light, E., & Lebowitz, B. D.（Eds.）.（1991）. *The elderly with chronic mental illness*. New York：Springer.

Miller, N. E., & Cohen, G. D.（Eds.）.（1987）. *Schizophrenia and aging*. New York：Guilford.

自殺

McIntosh, J. L., Santos, J. F., Hubbard, R. W., & Overholser, J. C.（1994）. *Elder suicide：Research, theory, and treatment.* Washington, DC：American Psychological Association.

Osgood, N. J.（1991）. *Suicide among the elderly in long-term care facilities.* New York：Greenwood.

Osgood, N. J.（1992）. *Suicide in later life：Recognizing the warning signs.* New York：Lexington.

6

老人的悲傷處理

悲傷處理（grief work）是與老人進行治療時常見的一個議題，因為人們在晚年必須經常面對他人的死亡。以我的經驗，一般在老人治療當中，相較於準備面對自己的死亡，為他人感到悲傷反而是一個更常見的主題。通常悲傷的主題會出現在老人心理治療當中，可能只是因為其他因素而接受治療的過程中，案主失去了他心愛的人。當多重的失落在很短的期間內同時發生、當早期生命的失落經驗有尚未解決的悲傷，或是和已故者之間因某些因素而有關係上的問題時，悲傷將可能成為治療過程中一個主要的焦點。

喪親之慟（Bereavement）引發的憂鬱是否正常？

怎樣的悲傷是在「正常範圍」內，而如何又才是病症？自從Freud撰寫「哀悼與憂鬱」（Mourning and Melancholia, 1917）之後，如何才是適切的治療焦點，已屢經討論和爭議。美國精神醫學協會的診斷與統計手冊，已經藉由區辨單純的喪親之慟和臨床診斷，重新界定這樣的爭論。

Wortman和Silver（1989）曾經提出數個關於悲傷過程的迷思，但這些論述尚未經由科學上的證實。一般而言，於喪親期間的傷慟（distress）是被視為必然且必須的。事實上，根據他們文獻的探討，和Gilewski, Farberow, Gallagher以及Thompson（1991）關於喪親老人的研究發現，許多喪親的人，包括老人，並沒有在失去親人之後經驗到憂鬱，同時在初期的反應傾向於十分的穩定並且一直延續至往後的數年。換言之，那些在一開始有心理性傷慟（psychological distress）的人，傾向於保持相對高度的傷慟。這些證明也引發另外兩個迷思：對復原的期待和達到情緒舒解的狀態。一般而言，這些例證說明喪親之慟對於情感和認知的影響，可自喪親之後延續二至七年（Thompson,

Gallagher-Thompson, Futterman, Gilewski, & Peterson, 1991; Wortman & Silver, 1989）。

「走過悲傷」的重要性或許是更加模稜兩可的。Wortman 和 Silver（1989）表示，積極面對死亡與在逝者死亡後十八個月至四年內情緒性傷慟減低程度之間，目前現存的證據尚無法證實其關聯性。Stroebe 和 Stroebe（1991）報告在喪偶的年輕成人當中，鰥夫較會逃避面對不適應的情況，而寡婦的憂鬱則會隨著時間穩定下來（第一時間與第二時間的測量值有 78 %的差異），且無太大的變異情況。此外，由心理動力的防衛機轉觀點來看，當人們聲稱對死亡沒有什麼特別的感受時，我們也不禁要質詢，自我陳述性質的研究問卷，是否真能測量出情緒傷慟的情況；然而，這一連串的想法需要有更進一步的實證研究，以避免流於知識上的辯論。針對不同模式的處遇進行實證性的評估，將有助於這些議題的澄清。

上述的研究發現，在面對所愛之人的死亡，並非每個人都會有情緒的反應，這個觀點挑戰了憂鬱是悲傷正常的反應，是會自然平復的概念。當嚴重的憂鬱症發生時，這些觀察則引導我們去對已發生的原因做更多的思考。更進一步去了解為何有些喪親的家屬會產生憂鬱，而其他人卻不會，這在臨床與科學上可能具有重要的意義。有可能是憂鬱的悲傷者在死亡事件發生之前就已經有憂鬱的症狀（Gilewski et al., 1991），或是已有某種型態的依賴，或是與已故者有衝突的關係，或是長期以來在處理生活中的壓力事件有困難，或是有人格上的問題。不論是何種情況，都似乎讓我們有理由去質疑部分美國的公共或私人保險業者的保險政策，他們視喪親之慟為正常，並認為悲傷不需要接受處遇便可自行復原，因而不受理喪親諮商輔導給付。

與老人進行治療時，治療師不能不去注意到在某些案例當中，所愛之人的死亡帶來的是心情與功能的改善。在案例書中（Knight, 1992），Elaine 對 Warren 死亡的反應就是一個具體的例子。在許多的案例中，所愛之人的死亡主要帶來的就是解脫和一個嶄新且較單純的生活。

另一方面，減少悲傷對老人所造成的衝擊是臨床上常見的治療目標。大部分的情況，在晚年死亡是較被預期的，同時，相對於年輕人，我們似乎也相信老人在面對死亡的經驗上是輕鬆許多。事實上，臨床經驗顯示，死亡往往令人在情緒上有出乎意料的感覺，特別是他人的死亡，即使死亡是跟隨著漫長的疾病之後才來到。老人的死亡並不全都是可預期的。以我處理老人死亡的經驗，往往表面上看起來健康活躍的老人卻死於心臟衰竭、呼吸系統衰竭、中風，以及未知的癌症等，而衰弱的老人雖似瀕臨死亡卻又活了好些年。對於罹患慢性疾病的老人而言，死亡的時間往往是始料未及的，因為相較於先前的幾個月，他們衰弱的情況在死亡之前似乎都會有好轉的現象。

撇開可預期性的議題，所愛之人的死亡對老人帶來的情緒性衝擊，在某些方面來說是更難以處理的，因為通常他們與已逝者的關係都已維繫了很長的一段時間。另外有此一說，並不完全正確，就是晚年要再開始一段新的關係往往是不可能的。根據統計數據，相對於老年寡婦，年輕寡婦確實比較有可能再婚。對於鰥夫而言，則再婚的可能性與年齡就沒有太大的關係。儘管如此，對老年寡婦而言，在所愛之人死亡後，要如何才能有屬於自己的新生活，仍然是很重要的課題。例如在案例書當中的 Elaine 和 Warren（Knight, 1992），預期自己成為寡婦的角色與預期配偶死亡的來臨是一樣讓人悲痛的。

臨床上的悲傷處理

以下討論是特別參閱 Worden（1992）和 Rando（1984）的著作，其提出了相當傳統的方法來因應悲傷處理。在介紹此方法的過程中，我也會一併分享相關的實例與討論。此治療方法的工作重點如下：情緒的表達、體認失落，以及調適沒有已故者的生活。在介紹這三個重點之後，將會描述治療師與老人進行悲傷處理時經常會遭遇到的問題。在結論的部分，將討論如何將悲傷處理運用在晚年其他的失落上，和其運用上的限制。

情緒的表達

悲傷處理相當仰賴對於精神宣洩（catharsis）的測量，因為我們假設其將對治療產生影響力。此假設認為有悲傷處理需求的案主，通常會壓抑他們失去所愛之人的情緒，以及拒絕藉由情緒的表達來達到情緒的正常轉化。事實上，老人通常不被鼓勵去表達太多的情感，可能是因為家人和朋友對於老人表達情感的不自在，或是認為老人應該早已預期到失落，或是認為老人家應該表現出快樂和活躍才是最好的。許多人對於老化所抱持的負面感受或期待，也可能會阻擾了他們去鼓勵老人表達感受或是讓老人說出其對於未來的選擇，甚至根本認為老人對於未來是沒有什麼可以期待的。

在鼓勵表達壓抑的情緒時所遇到的問題是，要如何去區分誰是壓抑情感的人，和誰是實際上調適良好的人，即使有可能做到也是困難重重。在實務上，區分的要點是基於「誰」出現在治療情境中。通常老人是由家人安排接受治療，常見的往往是家庭成員本身受悲傷所苦，卻將未處理的悲傷投射在老人身上。曾經有一位中年男子，在我的辦公室訴說著他的父親是如何的憂鬱，因為他在處理失去「妻子」的悲傷上遇到困難。在重複聽了幾次相同的陳述，我探問他是否他父親的妻子也就是他的母親。當這位兒子說是時，他也開始啜泣。

解答通常是取決於治療師在辨識情緒壓抑上的能力：當人們掙扎著不去表達憤怒、悲哀、焦慮、罪惡等等的情緒時，一般還是會露出一些情緒上的破綻，或是緊張的感覺。壓抑情緒可能會造成老人的疲倦感或社會疏離。此外，尚有一些值得考量的評判標準是以案主未將已故者的遺物搬移、將遺物保持在屋內、無法為自己再建立起新的生活，來判斷案主有壓抑情緒的情況。這個時間點的判定是很難掌握的，搬動太快（在數天或數週之內），或搬動太慢（五年或以上），都可能是問題的徵兆。縱使如此，在這之間還是有很大的灰色地帶，例如在宗教與文化儀式的層面上就會有很大的差異。

單就技術層面而言，處遇並非難事。大部分運用的是傾聽的基本技巧：簡述語意和反映。實際上，對死亡的反應有可能是任何一種情緒，而且在悲傷處理的過程中，會同時出現多種的情緒是相當常見的。初始受壓抑的情緒一旦被表達出來時，往往該情緒會轉換成其他形式的情緒出現。換言之，一個抗拒憤怒的人，會在表達憤怒後而哭泣；一個抗拒哭泣的人，會開始咒罵死者先行離去，留下一堆債務等等。

在悲傷處理的過程中去鼓勵案主表達情緒，治療師本身必須對案主將感受完全釋出之後會隨之好轉的假設具有相當的信心。毫無疑問的，在短期內，治療的作用會讓案主悲傷的感受嚴重化。經驗對於治療師而言會有很大的幫助，一旦經歷過數次完整的治療歷程，將會比較有信心進入治療，同時也會更有自信向案主說明治療的過程。對我而言，治療師確實有必要特別針對老人族群來學習這樣的經驗。換句話說，我仍然不清楚是基於何種原因，許多的治療師似乎無法將對於年輕案主的成功經驗轉換至老年案主身上。誠然，要讓老年案主哭泣確實是有別於年輕案主，有時甚至是更糟糕的。也許純粹只是因為這是較少有的經驗，或者是這樣的過程引發了近似讓父母或祖父母難過的聯想。

悲傷處理當中，較積極的部分是將議題一次次不斷的提出。在揭露情緒上，最簡單的方式是在每一次的會談當中鼓勵案主盡可能的詳細敘述死亡，直到悲傷處理完成。這對於治療師而言可能會有情緒上的困難，後續我們會再回到有關治療師的議題。溫柔的堅持（kind persistence）是悲傷處理最重要的一點：討論的內容一再重複，情緒一次次的被揭露，直到精神宣洩的完成，案主可以接受死亡，並能進行討論其他的情緒和議題為止。在案例書中（Knight, 1992），Rose 的案例對這個過程提供了範例。

雖然技巧是一再的重複，但每一次的會談都是相當不同的：包括情節本身，特別是在情緒改變的部分。再者，案主可能會表達同樣的語句，「我已經做到了」，卻可能反映的是兩種意義：他們已確實完成情緒的表達或他們並不想面對痛苦的議題。要辨別語句背後不同的情緒反映，必須要透過經驗和督導的過程來學習。

罪惡感

在罪惡感的部分，要特別注意其中的認知因素，且通常較精神宣洩需要更多的處理。悲傷案主的罪惡感，大都是因為其對所愛之人的死亡有不同解讀而產生。許多層面的行為都有可能會引起罪惡感：未能即早發現疾病的徵兆、未能提早叫救護車、未能在臨終前出現、已故者生前有未盡之事、未讓已故者更換醫生或醫院（意思是相信另一個會做得更好）、在數十年前的某個時刻曾經對已故者表達憤怒、沒有遵照已故者的期待而生活、沒有做一個更好的父母等等。一般來說，罪惡感會有部分的非理性想法，因此澄清非理性想法對悲傷處理會有所幫助：例如，「如果當時你更換了醫生，結果真的會有所不同嗎？」「你再多做一些就真能讓你的丈夫戒煙嗎？」

另一個處理罪惡感的面向是去探究案主罪惡感的潛在限度為何。有些案主會完全的認為自己確實做了不對的事，而且這樣的想法是無法被改變的。在這樣的情況下，通常可透過與案主討論究竟他還要處罰自己多久？以何種方式？最重要的問題是「多久才足夠呢？」

罪惡感也有可能是因為和已故者有未完成的事宜。藉由一些角色扮演的方式和已故者對話，對於情緒的處理會有所助益。此乃端看案主對於不同技術的反應而定，可以讓案主在治療室中想像已故者正坐在空椅上；治療師扮演已故者和案主做角色扮演的對話；讓案主在已故者墳邊傾吐，或寫信給已故者。

當案主有屬於自己的信仰，也可以考慮透過宗教來處理罪惡感。有許多教堂或寺廟會進行懺悔的儀式，透過案主所信仰的宗教儀式，可以讓情緒獲得相當多的釋放（例如，告解、贖罪、象徵性的償還）。

體認失落

體認失落具有很多的意義。最早也是最簡單的例子是理情治療原則的運用——失去所愛之人是非常痛苦的事件，但是並不是大災變，也並非意味著生命的結束。當治療師與年輕案主進行治療時，原則的運用是很自然的一件事，然而大部分的治療師，對於要說服老年案主有所行動似乎比較困難，這恰巧可以衡量治療師對於老年悲觀的程度。

儘管如此，事實上案主的生活仍然要繼續，如果能更積極去規劃生活，案主將會因此而獲益。認為生命已遭破壞，並以此信念生活，正是通往憂鬱症的路徑。體認失落的認知改造只有在前面所述的情緒釋放後期進行才能見效。在案例書裏（Knight, 1992），Rena 的案例證明在她照顧數十年的殘障兒子死亡之後，仍然有潛力去發現生命的新目標。

另一個議題是過度誇大已故者的優點，這在 Worden（1992）書中有更詳盡的討論。悲傷處理的初期，已故者在各方面可能會被描述為一個完美的人。許多的寡婦在治療中所描述的已故丈夫，往往各方面都是完美的，且強調在四十年間他們從未有過爭吵。在建立起良好的治療關係與案主的精神宣洩出現之後，治療師可以開始去質疑案主的這些想法（例如：「是真的嗎？似乎妳的狀況與別人非常的不一樣。大部分的人都會有些小缺點，大多數的夫妻也經常會有意見不合的時候。」）。當悲傷處理進行順利，案主會開始去「回想」可能曾經有過一兩次的意見分歧，或是他的丈夫確實有一些討人厭的習慣。在案例書裏（Knight, 1992），Joann 的案例證明了回想和已故者的衝突，會是悲傷處理的關鍵議題。

希望能自悲傷中復原的主要課題是「讓它過去吧！」和「繼續往前」。通常老年案主收到這樣的訊息會以為是勸告他們去忘記已故者，並且會激烈的回應他們是怎麼也無法忘懷這個占有 他們大部分生命的人。對於這樣的回應，忘記已故者當然不會是治療的目標。因為回憶和摯愛的人永遠都是案主生命中的一部分。再者，治療的目標在於讓案主達致一定程度的情緒痊癒，並掌握所剩餘的生命。

除此之外，體認失落有一部分是一種自然發生的生命回顧過程。在悲傷處理的脈絡中，案主會歷經重溫與已故者在生命當中起起落落的關係（在案例書中 Helen 和 Rose 兩者都提供了這個過程的案例；Knight, 1992）。通常治療師在這過程中，所扮演的角色是一位主動的傾聽者：讓案主保持在治療任務上、給予案主鼓勵、偶爾提供簡述語意，甚至有時可以提出一些解析。在治療當中，回顧內容的要點不在於事件是否已經結束，而是案主過去生命中的哪個部分可以在現在達成一個結論，並且可以被簡述出來。這簡述將會自然地引領著案主，去決定在未來所剩餘的生活中能做些什麼。

設計新的生活

一旦對已故者的悲傷處理已完成，則問題出現了，案主所剩餘的生活將會是如何呢？關於這個問題，所牽涉到的是一些工具性的任務（instrumental tasks）；已故者在生前所負責的那些工作仍然需要被完成。通常以悲傷處理為主的治療，在初期都會含括一些如何去解決這些實際問題的討論：誰將負責支票簿的平衡、割草、修理水管、修補衣物、開車等等。在許多的案例當中，治療師積極地進行問題解決和提供建議是合宜的。案主可能需要知道如何去請人協助割草、哪裏可取得冷凍食品和罐頭，以及知道哪些銀行會以極少的費用來協助客戶平衡帳戶。有時也會引發如何去運用可獲得的支持等相關議題的討論：哪一位家庭成員和朋友可以協助特定的任務？

最主要的任務是讓案主去選擇生活的目標。假使已故者是案主的配偶，其中的一個議題便是去探索案主對於再婚的感受。不論在現實上是否有可能性，或者已經有機會，去澄清感受是很重要的（例如，正如所有的老人學學者和社會大眾所知，男性老人較女性老人容易再婚，主要的原因是適任伴侶的可獲得率不同）。大部分的人都過於察覺到什麼是有可能性的，以至於沒有真正想過什麼是他們想要的。很多女性並不想要有另一個丈夫。很少數的男性對再婚沒有興趣，不過當然不是立即的再婚。案主住所的決定通常也會是個議題。案主的子女可能會催促案主儘快搬遷和某一位子女同住或是鄰近而居。然而大部分的情況是，在案主所愛之人死亡後，通常不建議讓案主在生活上有太大及永久性的改變，除非案主因認知或身體上的衰弱必須有所改變。以我的觀察，在喪親傷慟期間，決定讓老人搬遷往往是因為高估了老人居住在家庭成員附近的重要性，以及低估了友誼與環境熟悉度對於老人的重要性。決定者通常是已成年的子女，其可能會表現出必須保護父母免於死亡，而沒有考量到父母本身的期望和福祉。

重拾過去所從事的活動，包括一些可能因為照顧所愛之人而擱置一旁的活動，是再適應很重要的部分。已故者的去世讓案主的生活必須重新調整，特別是已故者如果在死亡之前有很長時間的疾病，案主很有可能將活動和一直以來很重要的生活目標先擱置一旁。因此，再發掘和更新目標的追求可以是開始新生活很重要的一部分。

經過整個討論之後，實有必要警覺到案主對於他人建議的抱怨。這裡的重點在於讓案主發現自己的期望、目標，和有興趣的活動。美國社會一向很重視為活動而活動的觀念，因此寡婦和其他喪親者也沒有例外的獲得許多具體的建議。在協助案主去發現他自己的路時，有一部分的工作是同理心，以及支持案主去拒絕他人所給予的不良建議，或是去探索案主認為建議無效的原因。治療師必須避免去提供建議，或是為案主所拒絕的想法背書，而是應該去強化案主有權去做選擇。老人經常被告知要如何去開始新的生活，因此要肯定案主的獨立性，必須包含支持他們有權利去拒絕建議，也支持他們去選擇自己的路。

一些悲傷處理過程的觀察

以上所述的活動（情緒的表達、體認死亡、設計新的生活），並非一定得按照這樣的順序來進行，事實上，所有特定的治療方法都是採用混合重疊的方式。在治療初期，情緒表達可能會與解決實務性問題糾纏一起，而進行至生命回顧時，則需要對情緒表達做更多的工作。正如在案例書（Knight, 1992）當中，很少見到僅著重於悲傷處理的治療（Joann 是與此情況最接近的一個案例）。進行悲傷處理可以是因為在治療過程當中有死亡事件的發生（見 Helen 和 Rena 的案例），或者是案主有一些非預期性尚未解決的悲傷（例如 Rose）。

在此所要討論的是，悲傷處理會因所失去的人不同而有其特殊性。不論是老人或年輕人，已故者是父母、子女、手足、配偶或是朋友會有很大的不同。在悲傷處理相關的文獻中經常提到，失去子女似乎是最殘酷且最違反常理的一種失落；即使已故者是六十或七十歲以上的子女。

多重的死亡事件，經常讓老人的悲傷處理更為錯綜複雜。老人可能在數年間失去配偶、朋友和手足。面對多重死亡事件的情緒通常是糾結在一起的，因而治療工作的進行很可能會在不同的事件中來來回回。此外，更為棘手的是一個悲傷事件會喚起其他的悲傷事件；老人總是有豐富的生命歷程，經常會去重新面對這些失落的經驗，包括由遙遠的過去至近期發生的事件（見 Rena、Rose 和 Elaine 的故事）。

據我所知，這些未解決的悲傷似乎可以處在未解決的狀態數年或是數十年。如果這現象屬實，則一般實務工作上忽略了治療開始之前幾個月或幾年前所發生的死亡事件對老年案主目前的情緒功能所造成的影響，似乎是一種完全錯誤的評估方式。實務上，眾所皆知的是，要讓老年案主與心理治療做連結是很困難的：也就是說，自已故者死亡到治療開始之間的時間差距，可能主要是因為沒有意願將老人轉介心理治療，而不是面對死亡的一種自然情緒反應歷程。

不論是老人或年輕人，我們都必須知道更多悲傷與憂鬱之間的關係。很明顯的，並非所有的悲傷者都會變成憂鬱症患者。如此章前述，近期的證據似乎顯示那些確實因為悲傷而成為憂鬱症的患者，是不太可能沒有接受任何處遇就可以復原的。

悲傷處理的治療者中心議題

悲傷處理所使用的特定技術其實是相當基本的傾聽技巧，其困難性在於它對治療師所產生的影響，而並非在於其本身過程的複雜性。事實上，為何治療師會認為悲傷處理特別困難——尤其是老人的悲傷處理，是有許多不同的原因。當然，原因之一是反移情作用（見第四章），治療師本身有未解決的悲傷，可能會因此覺得與悲傷的案主進行治療是一種情緒上的折磨，或是因為自身的否認而未去覺察到有悲傷的議題需要處理。在此所討論的這些原因，正概推和反映出在我們現代的文化之中，許多人並沒有辦法去面對悲傷。

死亡，對所有人而言確實是一個高度耗損情緒的課題，也往往是被我們社會所忽視的問題。心理治療師也並非都在課堂或實務上受過死亡與臨終議題的訓練。缺少了特別的準備，治療師只能靠自己的方法和其目前生命發展的階段，來了解和因應死亡與臨終的議題。做為新進治療師的訓練者，我的觀察是，悲傷與死亡相關的議題是最不為人所覺察的。例如，當要求被督導的團體成員完成一份個案報告時，實際上每個案例都有許多可以探索死亡與臨終的議題：某案主開始接受治療的原因是他母親的去世；其他兩個案例也呈現家庭當中近期間曾有死亡的事件；某位案主的母親獲知將不久於人世；還有一位案主在持續六個月的治療中進行了乳房切除手術。但是在每一個案例中，治療師都將焦點置於案主其他的生活層面，而沒有發覺到死亡與案主的憂鬱和其他情緒性的困擾之間有相關的可能性。

一旦治療師覺察到死亡與案主痛苦的關聯性時，一個反對在治療中提出死亡議題的常見原因是，其假設案主是衰弱的，擔心會因此而瓦解了案主的否認。以 Lehman, Ellard 和 Wortman（1986）的報告，大多數的人在因應悲傷時，所期待的是能夠在言語上有表達負面情緒的機會。假使治療室無法成為一個讓此種期待發生的地方，這會是心理治療很大的失敗。很少會有案主真正的去否認悲傷，或是拒絕去面對絕症；那是他們每天所必須經歷的，是很難持續性的否認。而否認是很強硬的因應過程（coping process），是不會僅因遭受質疑就瓦解的。事實上，在所有的案例當中，真正衰弱的人是治療師而不是案主。一旦治療師能展現意願與能力去談論死亡時，案主也將準備好，並且因此而獲得情緒上的舒解。

治療師面對死亡的焦慮背後有數種原因，以至於讓治療師沒有意願去傾聽案主談論悲傷和死亡。有時由案主那裏所聽到的一些故事確實相當嚇人：即使我有相當高的容忍度，我也曾經在完成治療會談後感覺到相當的不舒服。你會因此而知道許多不同死亡的方式，其中某些可能會較其他的悅人。你會聽到很多另人不安的故事，特別是關於不適任以及麻木不仁的醫療人員、急診室工作人員、醫師等。這些故事會讓你因緊急醫療照護的存在而具有的安全感頓然消失。

在悲傷處理當中，情緒的表達相當強烈。案主可能會哭、啜泣、咒罵已故者、對治療者吼叫、陷入憂鬱的沉默中、在治療中產生焦慮等等。我的第一位臨床督導視情緒之於治療就如同血液之於手術，他的觀點是，對於情緒的耐受度必然是決定誰可以成為治療師的因素。依據我的觀察，新的治療師傾向於和案主討論情緒，而非觀察情緒。也可能會傾向於避免探究情緒的表達，特別是老年案主。要使老人哭泣對於所有的人而言都是困難的。這或許對於因為喜歡老人而選擇老人為工作對象的人而言，會更加的困難。這種傾向將會使得悲傷處理格外的有阻礙。

在督導和接受實習治療師諮詢時，最常被提出來思考的問題是，悲傷的老人是否真的可以有任何的期待。悲傷是很典型的一種必須接受的失落。案主可以選擇去處理它並讓它有所改善，或是繼續憂鬱。持有悲觀主義的治療師，有可能會私下為案主做停止治療的決定。

就某個程度上來說，能坦然的面對死亡，以及在生命中曾經有過的相關經驗，可能是選擇以老人為工作對象的潛在因素。以我督導的經驗，似乎那些未選擇老人為將來工作對象的學生，需要更積極的鼓勵他們去談論死亡和哀悼；而那些未來將以老人為工作對象的學生，則必須限制他們別太快的與案主進入高難度的主題。

在任何情況下，與老人進行治療都將使治療師暴露在死亡的實際情境之下，不論是感同身受案主的經驗或是直接面對案主的死亡。除了為案主哀悼（思念他們、因他們未完成治療而感到生氣、遲遲不願寫結案紀錄、半自覺的在同一時間期待案主前來等等），經常讓自己暴露在案主或熟識老人的死亡，是一種學習的課題，可以讓治療師提早體驗超越個人生活的經驗。死亡是終點、不可預期，且通常是突然發生的。我們自己的情緒反應並非都在我們所能預期的範圍內，也不是永遠符合專業生活的計畫表。當我們失去親近的人（如案主），那確實是很讓人傷心的，如果你無法去處理傷痛，則你將會有困難繼續去接近案主。

以上這些議題都必須以更完整的方式在訓練當中提出來：在課堂上、臨床實務工作中與督導的過程裏。然而，我們可以看到的是一些關於死亡和悲傷主題的演講，通常都是高缺席率的。

悲傷處理適用於所有的老人心理治療？

悲傷處理在治療過程中，是以種種不同的形式和感受來呈現。許多年輕人的心理治療會在幫助他們控制焦慮時，鼓勵案主去嘗試新的行為和探索新的選擇。悲傷處理是情緒的表達，是讓失去所愛之人的感傷離去。相較於幫助年輕人去探索自我的潛能，老年人的悲傷處理可能會讓治療師感到較為沮喪。當治療師對老人治療工作抱持著負面評估的信念時，其實是同時忽略了晚年生活的正向層面及年輕人生活的負向層面。

人們習慣性會低估了老人與自己在年齡上的差距，也低估了這段差距可能會帶給老人的正向經驗。悲傷處理的預後是正面的，老人有多年的經驗和力量可以去發掘，其對自我了解深入，而且通常其對事情的因應模式和解決辦法是治療師無法想像的。年輕案主有時會有不良預後的問題（例如重度人格違常），對於自我和能力的不了解，自我潛能的探索也並非都能成功。我的觀點是，年輕治療師對老人的悲觀看法，並非立基於真實的比較，而較有可能是治療師本身對於治療形式的反應。

有人企圖將悲傷處理概推至處理老年階段裏其他類型的失落。他們認為個人會哀悼身體功能的喪失，這在因應身體疾病和失能的章節將會有所闡述。就技術層面而言，去協助案主表達負向情緒的過程是大同小異的。表面上看來，復健諮商（rehabilitation counseling）的輔導過程中，接受能力喪失的過程與體認死亡，進而設計新生活是相似的。然而，這當中的過程與目標是相當不同的，陳述兩者皆為適應失落是相當模糊的說法。簡而言之，功能的喪失是可以復原或是補償的，但是已故者卻不能再復生了。

摘要

悲傷處理的獨特性——接受真實且不可改變的失落，並以繼續剩餘的生活為目標——會影響到治療師對於老人心理治療的看法。對治療師而言，此工作在情緒上的「顯著性」——情緒耗損，以及與其他老年階段中的治療性議題有表面上的相似性（例如：失去身體上的功能），可能會導致過度概化老人心理治療就是在因應失落的部分。雖然悲傷處理在老人心理治療中是很重要的議題，但絕對不是唯一的主題。老人會與年輕人一樣基於相同的原因來尋求治療，包括憂鬱、焦慮、自我探索，與親友愛人的問題。而年輕人也會遭遇到所愛之人死亡，也需要悲傷處理。將悲傷與死亡界定為與老人進行治療的課題，或許是因為大部分的治療師仍然無法接受死亡其實是與個人相關的現實議題。

建議進一步閱讀的文獻

Fitzgerald, H.（1994）. *The mourning handbook：A complete guide for the bereaved*. New York：Simon & Schuster.

Kübler-Ross, E.（1991）. *On death and dying（2nd ed.）*.

New York：Macmillan.

Rando, J.（1984）. *Grief, dying, and death*. Champaign, IL：Research Press.

Rando, J.（1993）. *Treatment of complicated mourning.* Champaign, IL：Research Press.

Worden, W.（1992）. *Grief counseling and grief therapy*（2nd ed.）. New York：Springer.

7

晚年的慢性疾病

本章所探討的議題與治療技術，是關於老人因晚年的慢性疾病或身體失能而歷經情緒痛苦時，治療師該如何與他們進行治療工作。本章的目的有兩個部分：探討慢性疾病和失能的處理；對多種治療技術的使用加以說明，在此以認知行為治療師所發展出來的治療技術為主。慢性疾病與認知行為治療的組合，並不表示就僅能運用這些治療方法來處遇慢性疾病，或者慢性疾病是認知行為治療唯一可以處遇的問題。無論如何，在處理一般老人常會面對的疾病時，這些方法是常用且有效的策略。

疾病和失能對情緒所造成的影響

慢性疾病和輕度以上的失能是老年生活中常見的情況。大約有 80 %的老人至少患有一種慢性疾病（LaRue, 1992）。而老人失能的統計數據則有很大的差異，一般說來，12 %是較被接受的數據（Weissert, 1983）。住院治療的病人當中，罹患憂鬱症的比例遠高於一般的情況（Rapp, Parisi, Walsh, & Wallace, 1988），約有五分之一的住院病人患有憂鬱症。在社區老人的抽樣中，證實疾病是預測憂鬱症很好的指標（Phifer & Murrell, 1986）。總而言之，慢性疾病是老年人常見的病症，甚至可能在接受心理治療的老人當中是更為普遍的。

即使是正常的情緒反應，也有可能成為醫生轉介案主接受心理治療的原因。因為一般的醫生通常沒有接受過處理高度情緒性反應的訓練，而且可能因為過於忙碌而沒有時間去處理情緒特別不適或較為依賴的病患。心理治療師因為可以藉由提供基本的傾聽、支持，及讓病患發洩因醫療診斷結果所產生的悲傷與焦慮，而成為醫師和病患的助力，並減少醫師不必要的出診或病人對醫生的需要。

除了疾病，醫學治療本身也會影響病患的情緒。在生命階段的前期，人們所要面對的是不常發生的急性醫療問題，因此病人的角色是暫時性的，疾病所帶來的情緒反應也隨著病人的角色結束而終止。而在生命階段的後期，慢性疾病或身體失能可能迫使老人必須長期接受治療，需要更頻繁的醫師出診、住院、長期的藥物治療，和因為疾病或治療方式的限制而長時間的改變生活模式。當生病不再是以天而是以年來計算時，治療的遵守、病患的角色，以及病患與醫師或醫院工作人員的關係等，對於情緒的影響則更為重大。

那麼與有身體疾病或身體失能的老人進行治療時，心理治療師所要扮演的角色為何？對於這個問題，在本章後續的討論中，首先討論治療師在協助病人了解疾病上所扮演的角色，以及疾病對病患生活上所造成不可避免的衝擊，然後是治療師能夠做些什麼來改善病患的情緒功能，以及病患整體性的功能。本章總結治療師所需要知道的事項，並討論一般治療師在處理身體疾病時所會產生的情緒反應。

了解疾病與其後果

這裏所要討論的焦點在於幫助病人去了解疾病，以及疾病對於日常生活功能的影響。首先，介紹常見的高估或低估慢性疾病對於身體功能的影響，之後強調應將病症歸因於特定的疾病而非老化的過程。

在過與不及之間：
多少的自主性行為表現才算是健康？

與罹患慢性疾病的老人進行治療時，主要的問題也是需要持續評估的議題，是去建立一個最適切的自主功能標準。人們經常會在過與不及之間犯了錯誤。較常被討論到的錯誤是所謂的「過度失能表現」（excess disability）。過度失能表現係指，心理因素（如焦慮、憂鬱、依賴性人格特質）會促使病患刻意過度呈現失能的程度。例如，罹患慢性肺梗塞疾病的患者（COPD），可能因恐懼無法呼吸而變成一個足不出戶的老人。視力嚴重受損的人，可能因過於憂鬱而放棄去嘗試其他閱讀的方法（如使用大字體印刷的書或有聲書）。在某些案例中，成為一位依賴的病患相較於案主過去的生活，有時反而更讓案主覺得愉悅。對於孤單的病患而言，一次與護士或工作人員談話的機會，可能是他們最重要的社交事件。在某些家庭系統中，生病也有可能改善其他家庭成員對待病患的方式。

在案例書中（Knight, 1992），John、Harold、Lana 和 Nora 的案例皆說明功能受到限制的可能性，有些是源自於心理，有些則來自於身體。John 和 Harold 相互提供了有趣的對照，相對於 Harold，John 雖然身體上的失能較嚴重，但卻更能找尋方法來享受他的生活，並且持續從事有意義的活動。然而 Harold 所表現出的無能（incapacity），則大部分是因為個性上的自卑與依賴。Nora 的焦慮造成她所尋求的醫療處遇與她目前身體所接受的治療有抵觸的現象。Lana 積極尋求醫療處遇，大都出於與醫師建立關係的需求。就某些層面而言，這所有的案例都可以說是過度失能的表現。

相反的情況也會成為治療上的另一個議題。有些人因過於求好心切以至於無法接受現實上身體的限制。所造成的後果通常是反映在身體上的：加速病情的惡化、過度操勞而造成身體功能的瓦解、經常出入醫院等等。在案例書中，Rose 以及 Elaine 和 Warren 夫婦提供我們一個範例，若持續嘗試超出自己能力所及的活動將會對日常生活功能（包括身體健康）造成危害。在 Rose 的案例中，她一再希望能回到工作崗位上，並要求自己成為最負責任的員工，這讓她再回到了醫院；對 Elaine 和 Warren 夫婦而言，持續油漆房屋、割草和園藝的工作，造成體力耗盡和舊病復發。

很顯然地，要了解病患究竟是努力的太少或過於努力是非常的重要。這個部分的評估唯有仰賴主治醫師、復健治療師、護士和其他醫護專業人員一同投入才有可能完成。在有可能的情況下，來自家庭成員的意見或其他人對病人的觀察，都是很有幫助的。同樣的，病患本身的動機也會影響他們在家中的自我評量及自我陳述的功能。不過很不幸的，即使醫療團隊擁有最理想的溝通模式，仍然無法很清楚知道什麼才是最理想的評估，而且在這過程中，可能會需要不斷的嘗試各種方法。從診斷到案主功能層級之間並沒有一個清楚的路徑圖，況且因為個別的差異性很大，所以一般的復原程序並不必然就適用於特定的個人。

原則依舊，將病患的身體及心理狀況建立一個完整的概念是非常重要的，當獲得新的資料時，應不斷地去更新概念，並隨時提醒自己，錯誤的發生有可能是來自於上述的任何一種狀況。

症狀的正確歸因

一般經常發生的不正確歸因，是將疾病的徵兆僅解讀為老化的現象。許多的問題正是因為對疾病有這般的誤解所產生。首先，由於一般認為老化是不可避免且必須接受的事實，病患可能因此而錯失治療或改善疾病症狀的可能性。舉個例子，將視力或聽力的衰退歸因於老化者，相較於將其歸因於特殊疾病者，似乎較不傾向於使用有聲書、學讀唇語或其他的補償技巧。

其次，一般人對於疾病的症狀都略有所知，但所知卻多少有一些限制。換言之，「老化症狀」是眾所皆知的。假如在獲知失明是導因於白內障，則我們不會預期失聰也將接踵而至；假如是將失明歸因於老化，我們可能就會預期聽力的喪失及行動的障礙也將會接著發生（當然，這是不正確的）。

最後，疾病通常都會有可預期的結果：約經過一段時間之後，我們可能會好轉、不變或是惡化等情況。對於預後的了解將有助於未來的規劃。然而，老化普遍性地被認為是一段不可預知的歷程，是無可避免的全面性退化。很顯然的，不論病情是否可能減輕或者甚至是一直維持現況，都勝於對老化有不正確的假設。即使病情是持續地惡化，當病患得知他們正經歷一種可以探究的疾病歷程時，大部分的病患都會因此而好過一些。獲得疾病相關的知識將可以引導病患對未來的規劃。

與老年慢性疾病案主的工作技巧

接下來將介紹有助於與老年慢性疾病或失能案主工作的一些常用的技巧。這些技巧包括：放鬆訓練、增加快樂活動（pleasant events）、認知重建、關聯性分析（contingency analysis），和確認並表達情感（naming and expressing emotions）。這些技巧擷取自認知行為治療及其在健康心理學（health psychology）上的應用。關於這些議題更深入的資料，請參閱本章結尾。

放鬆訓練的作用

當焦慮造成疾病、徵狀或治療更為複雜時，放鬆訓練會是有幫助的治療要素。研究發現放鬆訓練在老年族群上的運用有相當的效果（DeBerry, 1982；Rickard, Scogin, & Keith, 1994；Scogin, Rickard, Keith, Wilson, & McElreath, 1992）。對老人而言，放鬆訓練主要在於引導他們儘量避免去緊繃肌肉疼痛的部位。以下是放鬆訓練的腳本：

儘可能的調整你的坐姿至最舒服的狀態……盡你所能的放鬆自己。

現在閉上你的眼睛。

做幾次深呼吸……吸氣……呼氣……吸氣——去感覺緊繃感的增加……呼氣——感覺到緊繃隨著呼氣離開了你的身體。一整天的緊張正由你的身體釋出。再吸氣……暫停……呼氣。

我將要求你緊繃每一部分的肌肉兩次。第一次盡全力繃緊，第二次將繃緊的力氣減半。

現在讓我們開始。

繃緊你腳部的肌肉——保持，放鬆。當你放鬆你的腳時，去感受放鬆的感覺……當你感覺到緊繃感離開了你的腳時，讓這放鬆的感覺向上移至你的踝關節。重複以上的動作。

放鬆你小腿的肌肉，將你的雙腳和腳趾頭向下壓，直到你看不到為止，你的小腿肌將因此變得緊繃。保持這個姿勢數秒鐘，然後放鬆。再重複一次……這一次，將腳朝向你的臉彎起，你會感覺到小腿的緊繃。使你的腳趾頭立起來……再次放鬆……第二次，減半緊繃的程度。

將你的大腿向椅子推擠來繃緊你大腿的肌肉。保持……放鬆……重複一次。

繃緊你臀部的肌肉……保持……放鬆……再一次……保持……放鬆。

將你胃部的肌肉向內推……嘗試去想像你的肚臍與脊椎正在互相推擠體內的器官。我似乎將許多的緊張存留在我的胃裏；或許你也一樣……我想像所有的器官像是橡皮筋……保持……放鬆……第二次減半緊繃的程度……緊繃……放鬆。

接下來你將要放鬆你的肩膀及背的上半部。你有兩個選擇：將你的肩膀向後拉，嘗試將你兩邊的肩胛骨碰在一起；或者是你想嘗試另一種動作——將你的肩膀向上提，彷彿你要將你肩膀的頂端與你的耳朵碰觸。保持……放鬆……重複一次。

將你的手伸出握拳……保持……放鬆……再一次……減半緊繃的程度……放鬆。

至於頸部，有兩種技巧可以選擇。運用你頸部前方的肌肉將你的下巴朝前胸向下壓，或是運用你頸後的肌肉將頭向後推向牆的方向。開始繃緊你的肌肉……保持……放鬆。去體會短暫放鬆的感覺，然後重複。

咬緊牙齒和向口腔後方推。同時，將你的舌頭頂住上顎。保持……放鬆。再重複一次。

作一個表情——將你的眼球盡可能的向上，皺起你的額頭與鼻子，緊閉你的眼……保持數秒……放鬆……重複一次。

現在，坐在椅子上，將眼睛閉起來，去探索你放鬆過的每一個部分。想想你的腳、小腿、大腿、臀部、胃、上背部、肩膀、手臂、頸部、口腔和臉。試著去感覺一下是否還有任何的緊繃感遺留在肌肉上。假如你現在是完全的遠離緊繃的狀態，請安靜地享受這平靜放鬆的感覺。

當放鬆訓練進行至最後的階段，在治療師的監督之下，可以讓案主以他們自己的方法來進行放鬆運動。依我的經驗，放鬆治療最常見失敗的原因是案主過於心急，想要在數分鐘內就完成整個過程。

我的經驗是，放鬆法已被證實對於因慢性肺梗塞疾病（COPD）而產生的焦慮、記憶力退化的抱怨、跌倒的焦慮（在摒除造成跌倒的原因後，或是已習慣使用枴杖或助行器的人），和因醫療過程與疼痛控制而產生的焦慮是有幫助的。

並非所有的案主都適用漸進式的放鬆法。有些人會認為它很無趣，或是引發了釋放壓抑後的焦慮。在這些情況下，積極性的放鬆法可能較適合身體情況較佳的案主（例如：走路、游泳、健身腳踏車）。如果案主對於這些方法都沒有興趣時，深呼吸、輕度催眠，或注意力集中法等，也都是可行的選擇。

以快樂事件療法來改善疾病與殘障後的情緒

在此借用 Lewinsohn 的快樂事件療法（pleasant event approach）來了解憂鬱症。Lewinsohn 主張人們之所以會停留在憂鬱的情境，是因為他們一向從事不愉快的事情多過於愉快的事情（Lewinsohn, Munoz, Youngren, & Zeiss, 1978；Lewinsohn, Youngren, & Grosscup, 1979；Zeiss, in press）。當運用於病患與殘障者的復健上時，此觀點認為無論是因為喪失身體功能或是因為疾病而產生的憂鬱症，病患與殘障者彼此擁有相類似的經驗模式。

以 Lewinsohn 的模式，主要的焦點在於所謂快樂與不快樂事件的本質是相當主觀與個人化的，因此第一步是讓案主指出，目前哪些事情是快樂或不快樂的，以及在生病之前，樂於從事的活動有哪些。在臨床工作中，我發現與其要求使用快樂事件計畫表（Pleasant Events Schedule, PES），透過一般治療性的訪談來獲得資訊其實是更為可行，且可免除干擾。不過以治療師的立場，對一些不會對文件作業產生反感或距離感的案主來說，快樂活動計畫表確實是很有幫助的指導手冊（見 Zeiss，出版中）。

有慢性疾病的老人經常會被忽略亦患有憂鬱症，此時可以讓他們回想過去數月或甚至是數年前令人快樂的活動。以這個例子來說，在後續的處遇上，治療師可以與案主討論哪些快樂的活動可以重新被找回，哪些活動是有可能採取一些替代的方法，以及哪些活動因為現實上身體功能的喪失而必須放棄。雖然要讓案主回復到生病前的快樂程度可能很不切實際，然而快樂活動治療法的主要假設是，情緒上的部分改善是實際可行的。由於人們傾向以非喜即悲的心態來衡量快樂，因此治療師必須明確地教導案主：或許要回到以前所習慣的生活方式是不可能的，但要讓案主比現在更快樂卻有很大的可能性。運用圖畫來顯示生病前和現在之間平均快樂程度的差異，並呈現介於這兩者之間的目標，會是很有效的視覺性輔助工具。初期的工作可能需要針對一些永不能挽回的活動進行悲傷處理（詳見前一章有關悲傷處理的討論）。當這些基本工作完成之後，則可以開始與案主締結行為改變的合約。

接下來的步驟是進行更多快樂活動的合約（和儘可能地中止或減少不愉快的事件），儘管這通常不是很快就可以達成，但相對地卻簡單明瞭許多。例如，某案主過去喜歡聽古典音樂會，治療師可以和案主協定合約，每天聽一個小時的古典音樂錄音帶或電台。對有些案主而言，為減少不愉快的事件，可能會協定停止每天看新聞數小時，並改以看喜劇、閱讀書報，或是看看窗外取代之。以明確可完成的小步驟來擬定改變的時程，對任何行為改變的合約而言，都是同樣的重要。在這個階段裏，有許多的時間會花費在與案主協商調整他過於遠大的目標。案主如果能在這合約的創作過程中得到快樂，那麼案主較有可能會努力達成這個目標。例如在案例書中的 John（Knight, 1992）。在比較 John 和 Harold 之後，點出了此方法會失敗的根源往往是心理因素多於身體因素的事實。

認知重建

認知重建有利於減緩症狀的不舒服，以及有助於改變因為健康和治療而引起的一些行為。從高度抽象的層面來看，人們會有將疾病和身體失能災難化的傾向。換言之，許多人藉由誇大問題的衝擊，或過度概化問題的影響力，使得不好的處境更加惡化了。對於有慢性疾病或失能的老人而言，現實的狀況已經夠糟的。協助個人面對現實的積極性認知工作，將有助於減輕「過度憂傷」（excess depression）。

Seligman 的悲觀詮釋模式〔pessimistic explanatory style；Peterson, Seligman, & Vaillant, 1988；正規的說法是「學習而來的無助感」（learned helpessness）〕，提供一個指導原則來分析和改變對疾病與失能的悲觀歸因。悲觀詮釋模式係指個人將完全無法控制的負面事件，以全面性

（所有的事都是壞的）、穩定性（事情將會一直是壞的，或向來都是壞的），以及內在性（我應對這些壞事負責任）的方式歸因。

在對抗「全面性歸因」上，重點是去協助案主專注在實際失能的本質，而非看待自己是完全的失能。這樣的過程結合了讓案主坦承已失去的能力，和鼓勵案主找回尚存的能力此兩部分（例如，雖然不論我有沒有戴眼鏡，都不再能看得清楚，但是我的聽力並未受損，而且我仍然可以走路）。

如果有可能，幫助案主再重新思考和定義對失能的「穩定性歸因」也是很重要的。某些案主認為自己的狀態並不會有所改變，即使預後的結果是正面的。在治療上，能夠對復健具有實際樂觀的期待，是邁向遵守醫學處遇和復健治療重要的一步。當失能的狀況一直保持不變或甚至愈來愈嚴重時，「穩定性歸因」就某些方面來看或許也對案主有所助益。然而在這些狀況下，一旦案主考量到過去的情景，穩定性的限制就會產生：回想尚未殘廢的日子，以及於記憶中再次體驗美好的時光，會對案主情緒產生相當重大的影響（可參考以下情緒表達的部分和第六章悲傷處理）。

悲觀詮釋模式的第三個，也是最後一個要素，是對於無法掌控並產生負面效應的事件，做內在控制的歸因。人們通常會尋找他們認為該為疾病或失能負責的原因。在此較為適當的處遇是使用正確的外在控制歸因：它剛好發生了。更口語化來說，問題通常會是：「為什麼是我？」而有意義的回應是：「為什麼不是你？」依據這樣的觀點，人們是無法控制壞事件的發生；任何人都沒有理由應該被豁免。在臨床工作上，重新定義事件（reframing）通常不是以「非黑即白」的說詞來陳述。有些案主需要去感覺疾病的造成與自己有關，但相較於案主自認為疾病已經完全在他們的掌握之中，前者是一種較受限的歸因方法。與老人一起重新建立他們在歷史中的位置也是非常重要的工作：現在我們曉得有許多的疾病和不良的健康行為是有關聯的。然而，對現在的老人來說，這個資訊的發現是太晚了些，許多同樣的行為在他們年輕的時候卻是被認為有益健康的（例如，香菸曾經被包裝為有益身體健康的，因其能增進思考及呼吸）。

在結束控制議題的討論之前，很重要的是再度去確認在此對於減少控制所做的努力，特別是針對那些無法控制的負面事件。一般來說，能夠掌控當前生活事件是有益於健康的（Rodin, 1986；Rodin & Salovey, 1989）。健康問題與所接受的治療，通常會減少病患所感受到的和實際擁有的控制。提升控制力已被證實對於疼痛的控制、洗腎，以及護理之家的照顧都是有幫助的（見 Langer & Rodin, 1976；Rodin, 1986；Schulz & Hanusa, 1978；Turk, Meichenbaum, & Genest, 1983）。確實維持一定程度的控制是重要的。Schulz 和 Hanusa（1978）證實在處遇介入後，案主的控制感增加，待處遇結束後控制感又隨之降低，這個過程會對案主造成負面的效應。

關聯性分析和心理性處遇在疾病及治療上的應用

關聯性分析是對發生在處遇標的——治療師希望增加或減少某狀況的發生頻率——之前或之後一連串的行為、想法、情緒，和感覺之間連鎖關係的辨識。健康相關議題的處遇中，標的可以是行為（服藥、看病、與醫生聯繫、在家庭成員面前吼叫），或是加重沮喪或疼痛的慣性想法，或是情緒（焦慮、恐慌、沮喪的心情），或是感覺（最常見的是疼痛）。欲建構處遇標的之一連串的前導事件，我們可以詢問「在目標之前發生了什麼？再之前又發生了什麼？又再之前發生了什麼？」等問題。而處遇標的之連鎖結果，也是以同樣的方式詢問在目標之後發生了一連串什麼樣的事件。

前導事件可以預測事件，同時也可以改變結果。對前導事件間連鎖關係的確認，可以對即將發生的事件提供警訊。在案例書中的 Helen（Knight, 1992）藉由確認前導事件，諸如她的狗看著她、她狂吃巧克力，來學習控制她的憂鬱症。因此，前導事件變成一個提早改變事件間之連鎖關係的線索。回到 Helen 的案例，Helen 學習運用狗的表情作為服用抗憂鬱劑和打電話與朋友聯絡的信號。前導事件的第二種用途是，它經常被指出可以用以避免（或增加）某些情境或行為。在 Helen 的案例中，巧克力不僅是一個線索，更是一個造成憂鬱症的原因之一：停止狂吃也可以改善憂鬱症。社會互動通常是情感和行為前導事件的一部分。這分析指出，可能有必要增加和減少與某些人的聯絡。如到醫院看醫師或打電話給醫生的次數過於頻繁，通常是有情緒性的前導事件（焦慮、孤單），可以透過其他更有效率的方式來處理（例如，與朋友或治療師聯絡；請見 Lana 在案例書中的例子，1992）。

如果結果是造成處遇標的發生頻率增加或沒有任何影響，則此結果可以被視為增強物；若結果所造成處遇標的的發生頻率減少時，則其可以被視為負增強物。這之間的差異是相當個人化的，且需要透過個別案例的分析，才能確認這些差別：某案主的負增強物可能是其他案主的增強物。確認結果與處遇標的之間的關係，將可以去影響需求的改變，或是改變處遇標的與結果之間的關聯性。例如，過於頻繁的就醫，或打電話給醫生，或至急診室，往往是因專業醫療人員的關心，才讓這些行為持續不斷。處遇標的第一步是讓治療師的關心及社會性增強來取代醫療專業人員。一般來說，這樣的轉換過程是很簡單的，因為治療師認為這是他們理所當然的角色，再者，當醫療專業人員會進行轉介時，往往也已被病患所激怒，因此他們將不再會是增強物。接下來的步驟是尋找其他更為自然的資源作為關心與社會性的增強物。這個步驟經常會涉及改善案主的社會技能或解決基本人際關係的問題。

另外的問題類型是案主視治療為處罰（負增強物）。

本質上，藥物治療、特殊飲食，或醫療器材通常是不討人喜歡的，因此遵守醫療計畫其實是一種自我處罰。有時可以透過治療訪談來確認，或運用日記作為家庭作業來追蹤服藥和沒有服藥的結果，以獲得相對立即性的正向結果。某些藥物或特殊飲食可以立即地讓案主的感覺變好，或是讓案主不好的感受在短時間內被控制在一定的範圍之內。一旦這樣的連結建立起來，案主對於治療的堅持將會維持下去。

較常見的情況是正向的結果需要長時間才能顯現出來，短期之內的結果是中性或負面的（例如，不愉快的副作用）。以學習理論的觀點，行為是被短期效果所支配的。在這樣的情況下，病人可能同時需要外在的獎勵（例如，來自治療師及家庭成員的讚美）和自我增強（將服藥配合一些愉快健康的事件或是快樂的經驗，例如：聽音樂）。雖然上述方法似乎很簡單，但我們常看到的卻是去責難案主未能遵守服藥的規定，並且對於他們好的行為吝於讚美。

前導事件和結果往往自然而然地形成了緊密的回饋圈。例如，肺氣腫的患者經常會對外出或與人社交感到恐懼。短促的呼吸使人焦慮，而焦慮亦使人呼吸更為急促，建立起一個迅速擴大的循環，進而導致恐慌症和呼吸危機。焦慮通常可以由依序推論的方式回到事件發生的情境。治療師可以教導案主早期發現氣喘的前導事件，讓案主尚有機會冷靜下來，並且儘早依步驟運用放鬆法。焦慮的控制可以減少事件發生的頻率，或減緩嚴重的程度。事實上，行動力的增加本身就是一個增強物。依循這個原則，一個自行運作的負向循環是可以被轉換為自行運作的正向循環。

確認及表達情緒

許多具有明顯身體病症的案主都有一共同特徵，就是無法表達他們的情緒（有時稱為心智失讀症 alexithymia）。以認知的層次來解讀，係指無法辨別內心確實的情緒狀態，可能會導致情緒被解讀和描述成為身體的病症。此外，也有可能導致壓力的延長和一些與壓力相關疾病的產生（見 Rodin & Salovey, 1989）。

臨床上經常會看到許多無法辨識診斷的身體症狀，或是醫師認為診斷的結果並無法解釋症狀。再者，往往在可能產生情緒反應的情境之下（例如，與配偶或其他家族成員爭吵），卻無法清楚確認情緒反應的狀態。在此，處遇的範圍可以包括使用感覺辨識表來指導案主使用情緒性的語詞，協助他們藉由這些情緒性的詞語來確認內在的感受。當案主討論到情緒沉重的主題時，治療師可以偶爾打斷並詢問那是何種感受。一開始，案主通常會抗拒去表達任何的感覺，之後才能粗略辨別，諸如「好與壞」或「正向與負向」兩者。最終，才有可能辨識基本的感受，如快樂、悲傷和害怕等。

在治療中討論壓力情境時，Gendlin（1978）的對焦技術（focusing technique）有助於辨別可能會出現的身體或情緒上的感覺。一開始案主接受指示放鬆、自然地呼吸，並將焦點放置在內心產生感覺的點上。他們安靜地坐著，觀察自己的感覺一段時間，並接到這些感覺在被觀察之下是有可能改變的指示。數分鐘之後，他們被喚醒，並討論先前所發生的經驗。在練習的一開始，這些案主往往表達的是對身體狀況的描述，而非情感的描述。例如，案例書當中（Knight, 1992），Nora 指出有異物卡在她喉嚨裡的感受。許多替代性的說法可以被提出，包括有些話被哽在她的喉嚨裡。最後，對焦的過程引導她承認了她一生中無法表達的憤怒。

有時是有必要去分析身體症狀發生的情況，並提出當人們處在這些情況之下，通常會有哪些其他的情緒狀態。在某個案例中，一位情緒相當壓抑的男性案主，在一開始他只能說出於壓力處境下，別人可能會有的感覺。數個月過後，他可以承認或許他也會有壓力的感受。學習正確地辨別情緒，對於目前的壓力源會有更佳的了解，也可以釋放一些情緒，並解決身體的不適。

治療師與慢性疾病老人工作的議題

當治療師開始與慢性疾病老人進行治療時，他必須具備許多的技巧。以我的觀點，這些技巧是針對治療慢性疾病的特性上，而比較不在於治療老人的特性上。然而，老化和慢性疾病之間一向有很密切的關聯，許多尋求心理治療的老人很有可能也會是慢性疾病患者，同時，心理治療的焦點，如憂鬱、焦慮，或其他情緒性的痛苦，也和疾病有直接的關係。老化與疾病之間的關聯性，造成專業心理治療師的兩難，因為對老人工作有興趣的治療師，還需要了解該如何與身體失能的案主進行心理治療。同樣地，有興趣與慢性疾病患者工作的治療師（例如：醫院諮詢、健康心理、行為醫藥、醫務社工等）也發現他們需要對老人學有所認識。

有關身體疾病和醫學治療的知識

與慢性疾病老人工作的心理治療師需要知道有關身體疾病、治療方式，以及疾病與治療方式所造成的情緒性後果。Frazer（1995）；Smyer 和 Downs（1995）曾提及治療師需要具備關於疾病、藥學，和有參考性資訊等層面的知識。治療師並不需要像醫生一般去探究這些議題中複雜的層面，但他們至少不能比案主知道的少。治療師必須有足夠的能力去閱讀病歷、體檢或其他醫學報告，以了解預後的情況、對病患功能的影響，和治療方式的推薦。

若要與罹患疾病的案主進行治療，就必須具備討論疾病的專業能力。在大部分的案例中，所需資訊的程度大都是一般人就可以達到的。Frazer（1995）對於如何獲取這些資訊提供了許多的管道，包括暢銷書籍、醫學文獻、參考書籍，和志願性健康組織（例如，美國心臟協會、美國癌症協會）。獲取這些資訊的目的在於能夠和案主與醫療照顧專業人員進行疾病的討論，關於造成疾病的原因、心理性的因素為何，以及兩者的關係又為何，最後能夠形成一個合理的工作假設。與老人工作時，心理治療師最有可能犯的嚴重錯誤是逃避所有與身體疾病有關的討論，以及未能與案主的醫師聯繫。

除了進行評估之外，能夠專業地討論身體的問題將有助於和老人建立良好關係。人們通常會避免傾聽他人談論身體的不適，然而傾聽卻有助於建立信任且親近的關係。雖然關於身體上的討論可能會偏離治療的主題，或是被用來避免更深層次的情緒性議題，但是對於老人而言，身體不適的抱怨往往是情緒性議題的主要來源或焦點。換言之，案主可能因疾病或疼痛而憂鬱，或是可能一提到現有的病痛，就喚起他對未來身體失能或是老化的憂心。

與醫師的溝通

基於案主的利益，能夠和主治醫師進行有效的溝通是必須的。有效的溝通一般包括定義你的身分、你提出照會的原因、你所必須提供的資訊為何，以及什麼是你需要的資訊。醫師可能會在領域上有所防衛（對其他的醫生和專業人員），對批評也較為敏感。並非身為醫生就能避免領域性的議題。當你所提供的資訊與醫學治療有關聯時，能清楚交代你的資訊來源將會有很大的幫助，同時也要避免妄自推論出醫學上的結論。例如，「當我去拜訪 X 太太時，我注意到她把來自多位醫師的藥物放置於桌上。我曉得你是主診的醫生，想確認是否你已經知道這些情況。」會比一開始就表示你認為 X 太太有用藥過度的情況為佳。

接受過社會心理學訓練的治療師傾向於採用漫談的溝通方式，並傳達出有充分的時間可以討論案主議題的感覺。我們也經常被訓練儘可能避免妄下結論，以及對個案狀況抱持著數種可能性的假設與個案計畫。生物醫學的專業人員則傾向於傳遞一種有時間壓力的感覺，並採措辭簡要肯定的溝通方式。彼此不同的溝通方式導致醫生顯得較沒有耐心，而讓治療師有受傷的感覺。為了讓所要傳達的訊息能被接受，學習採用生物醫學的溝通方式乃是明智之舉（有關更多科際間的溝通請見 Qualls & Czirr, 1988）。

事實上，在一般科際間的溝通，牢記任何一個學科都對了解患者有所幫助。大部分的醫生是以了解和治療嚴重的身體問題為主，心理治療師則通常擅於處理案主的情緒與行為。兩者都傾向對彼此感到不滿，不是忽略就是貶低對方。假如能以案主的福祉作為共同的信念，以彼此尊重為前提，那麼共事就輕鬆多了。

了解醫療環境和病患的觀點

正如本書在其他章節所主張的（見第一、二章），老年生活的社會環境是使得老人心理治療格外不同的原因之一。有慢性疾病的老人花費了大半的生活時間在醫學治療的環境中（醫生辦公室、醫院、診所、醫學實驗室和專業照護機構等）。這些機構設施都有其特定的社會生態，假使治療師對於醫療工作環境沒有太多的經驗，則可能很難去了解其中的處境。通常心理治療師所提出的建議需要一段時間來實行。然而以醫療人員經常性的忙於處理身體照顧與醫療處遇、病患可能是短暫留院，以及與你對話的醫護人員可能在未來的幾天內不會在工作現場的各種情況來看，這樣的時間可能是不被允許的。因此，如果治療師期待能有效照顧病患，必須進一步了解醫護人員的工作量、病患將住院多久，以及如何掌握在輪班制的工作環境中進行溝通。提出的建議應該是簡單、立即、與醫療照顧相關，而且可能必須寫在病歷紀錄上。

事實上，除非治療師能以病患的觀點來看待這些醫療環境，否則治療師在醫療單位的工作經驗可能僅有少許的幫助。成為病患，意味著必須面對疾病所帶來的身體限制，各種的治療方法也不斷的提醒著身體的狀況。視案主過去對身體的態度而定，有時或許需要一些自我概念的重整（見 Sherman, 1991）。換言之，在我們的文化當中，許多人傾向於去關心他們心智及精神的發展，但卻把身體視為與生俱有而漠不關心。即使在壯年期，可能會因為一些被視為是生活干擾的急性病症經驗，而對非身體性的觀點產生短暫性的質疑，然而很快的又忘卻了，直到慢性疾病使「病患」成為一種終身職時才會有所覺悟。

醫療單位主要是針對急性疾病所設計的，假使必須經常且規律性的接觸它，其物理環境及社會互動方式是較不悅人的。若你只是偶爾且短暫地停留，醫療人員和你的互動對你而言可能沒有太大的不同。然而，大多數的老人相對地花費了較多的時間處在醫療環境裡，他們對於這個環境的社會互動方式會較其他人更為敏感。他們也更能敏銳地察覺到在這些醫療環境中所發生的錯誤。因此，於醫療環境當中，治療師必須謹慎地傾聽病患的觀點，並嘗試以病患的所見所聞來了解。舉例而言，我曾運用了一個試驗，來思考假如我處於視力受損、行動不便，或是認知缺損的情況下，要在這樣的物理環境中行動將會是何等的複雜。在與老人進行心理治療時，重點是能透過病患的眼睛來了解這些環境當中正式或非正式的社會規則。

最後，病患在醫療環境當中所面對的不僅是他們自身的疾病，還有其他病患的疾病。在與有慢性疾病的憂鬱症患者工作時，最常見的主題是，憂鬱的產生經常是由於案主持續的接觸其他更為嚴重的病患，或是獲知醫院裏或其他醫療環境當中同房病友過世的消息。

治療師對身體疾病的反應

治療師會對身體疾病感到不舒服是很正常的。對疾病所產生之社會性或反移情作用的反應，雖然已於第四章有所論述，然而在此所討論的不舒服感是源自於治療師的技巧或訓練不足。以年輕案主為焦點的訓練並沒有提供治療師太多經驗去學習如何與生病的案主工作。這樣的訓練應能包括學習去討論身體的症狀，不論這些身體症狀是被案主用來干擾實際的心理治療工作，或應該被解釋為確實有情緒上的重要意義。在心理治療進行中，我們發現老人經常會以身體的問題來避免治療性的課題，或者發現案主的身體病症與情緒問題是並存的。如果能和老人案主進行有關身體疾病和醫療照顧系統方面的對話，不論是對於建立關係，或者是對於了解疾病及醫療是否為案主的主要壓力來源，都有很重要的意義。

與老人進行治療時，在技巧上常見的缺失是，治療師不願與同樣在逃避討論疾病的案主進行疾病事實的對談。當逃避已無法掩蓋疾病是造成情緒性混亂的因素時，實有必要在治療當中討論疾病與其影響性。同樣是常見的情況，老年案主會避免去討論疾病，是因為他由經驗了解到大部分的人並不知道該如何去因應這樣的主題。在這樣的情況下，案主會以迴避討論的主題來保護治療師——但這並不是我們所期待見到的情況。讓治療師不願意去討論疾病的原因，經常是因為不忍去面質案主功能喪失和殘障的事實。當案主在外表上是非常老或非常虛弱時，這樣的感受會更為強烈。在效果上，一般認為心理治療應該是幫助人們的感受能有所改善，然而正視身體疾病在感覺上似乎是沒有幫助的，反而會引發一些刺激或殘酷的感受。在某種程度上，這種評估結果不過是治療師為逃避不悅任務的一種方式。假如這樣的情況無法被挑戰和克服時，案主將會藉著欺騙而逃離治療，以至於失去改善情緒的機會。治療師有時需要一些成功的個案處理經驗，才能夠對面質的結果抱持較佳的期待。

摘要

本章介紹了幫助老年案主因應慢性疾病和失能等特殊挑戰的重要概念與技巧。雖然接受功能的喪失是重要的第一步，然而就本章老人心理治療的思考模式，這只不過是一個開始。接下來的步驟包含了解特殊疾病，避免將特定疾病過度概論為常態性的老化，和運用心理治療的技巧與技術來提升功能、探索和改善情緒，以及了解和因應可能成為壓力源的醫學治療與醫療照護環境。這些工作所強調的是將重點由病患的年齡轉換至疾病的本質、預後（prognosis）和治療方法的優缺點。本章建議讀者進一步閱讀健康心理學的相關書籍與文章。下一章，我們將注意力轉向生命回顧過程的了解，以及它在老人心理治療的位置。

建議進一步閱讀的文獻

Carstensen, L. L., & Edelstein, B. A.（1987）. *Handbook of clinical gerontology*. New York:Pergamon.

Frazer, D.（1995）. The interface between medicine and mental health. In B. G. Knight, L. Teri, J. Santos, & P. Wohlford（Eds.）, *Mental health services for older adults：Im-*

plications for training and practice (*pp. 63-72*). Washington, DC：American Psychological Association.

Haley, W. E. (in press). The medical context of psychotherapy with the elderly. In S. H. Zarit & B. G. Knight (Eds), *Psychotherapy with the elderly：Effective interventions for older adults.* Washington, DC：American Psychological Association.

Hartke, R. J. (Ed.). (1991). *Psychological impacts of geriatric rehabilitation.* Gaithersburg, MD：Aspen.

Jarvik, L. F. (1988). *Parentcare：A commonsense guide for adult children*. New York：Crown.

Kemp, B., Brummel-Smith, K., & Ramsdell, J. W. (Eds.). (1990). *Geriatric rehabilitation.* Boston：Little, Brown.

Lichtenberg, P. A. (1994). *A guide to psychological practice in geriatric long-term care.* New York：Haworth.

Smyer, M. A., Cohn, M. D., & Brannon, D. (1988). *Mental health consultation in nursing homes.* New York：New York University Press.

Zarit, S. H., & Knight, B. G. (Eds.). (in press). *Psychotherapy and the elderly：Effective interventions for older adults.* Washington, DC：American Psychological Association.

8

生命回顧在老人心理治療的運用

生命回顧（life review）在老人心理治療中的運用已有一段很長的時間，雖然它所扮演的角色並非一直很清楚。佛洛依德（Freud, 1905/1953）反對與老年人工作的原因之一——雖然討論得不多——正是因為老年人有太多的生命歷史需要在心理分析中處理。Robert Butler（1963）觀察

作者附記：除了本文所引用到的文獻之外，有另外兩個來源啟發我的想法及形成本章的架構。第一，我曾經與 Marlene Wagner 在南加大的李奧納多．戴維斯老人學院（University of Southern California's Leonard Davis School of Gerontology）共同教授一門暑修的課「從自傳探索心理發展（Psychological Development Through Autobiography）」。她與學生激發及形成我對本章的想法。第二，Peter Davison 的《編輯人生》（"To Edit a Life"，*Atlantic Monthly*，October 1992，pp. 92 － 100），使我聯想到治療師如同編輯的隱喻。

（1974）描述生命回顧對老人或是其他處於重要發展轉變階段的成人而言，是一種有效的治療方法。艾瑞克森（Erikson, 1963）提出成人發展階段的論點，他認為童年期之後的生命發展階段仍有著重要的轉變及發展，這些發展將在晚年階段以生命的統合對應絕望為主題而結束。

但回憶法（reminiscence）及生命回顧治療的成功與否，則又是另外一件事，而且仍然是尚待解答的問題。治療性質比較清楚的生命回顧已顯示出顯著的效果（Fry, 1983），這雖令人鼓舞，但早期的報告正負向結果都有（Haight, 1988, 1992；Rattenbury & Stones, 1989）。在歷史上，艾瑞克森及 Butler 都曾分別警告生命回顧會讓案主產生絕望及沮喪的負面結果，而且未經指導的生命回顧過程將不會有可預期的成功。

治療性質清楚的生命回顧將是本章接下來的討論焦點。如此是想要有別於沒有經過指導的生命追憶，如在文康中心及長期照顧機構以社交為主要目的而自然產生的追憶活動及追憶團體（順便一提，我感到好奇的是，在許多長期照顧機構的回憶團體可能會包括一些記憶力嚴重受損的人，這些人很可能會杜撰故事而非真的回憶過去的生活）。我也想要在此忽略對生命自傳式團體（autobiography groups）的討論，例如給一般民眾的文學式或個人成長活動。排除這些活動的目的是讓討論可以簡化並集中，而非對這些活動有所批判。

生命回顧的角色

不同於之前的章節將焦點放在問題上，本章與老年案主的生命回顧是要幫助案主了解生命、了解老化，及重建他們的自我概念。在案例書（Knight, 1992）的結論章節，我強調生命回顧在治療上的使用，常常是出現在當治療師與悲傷的案主工作（這類的案主必須建立對自己的新看法，而不是把自己侷限在心愛的人的死亡），以及當案主的「新」情緒必須與自我整合時。因為一些身體創傷而造成長期疾病及失能的案主，當欠缺能力被認為理所當然時，他們更需要去建立新的自我概念。對一些老年案主而言，老化本身會引起 Kastenbaum（1964b）所說的解釋危機（crisis of explanation）：「我是如何變成一個老年人的？」最後，就如同與較年輕的案主進行治療一般，有嚴重人格問題的老年人在治療中會需要生命歷史取向的治療。

Markus 及 Herzog（1991）認為生命回顧的焦點在於自我概念的創意性發展，在此乃指我們如何看待現在、過去，及未來的自己。Whitbourne（1985）人生全程的構念（life span construct）的概念則比 Markus 及 Herzog 的架構更具明確的發展性及統一性，Markus 及 Herzog 的架構有可能會形成多重的自我概念。除了「過去的成份」——生命故事之外，Whitbourne 也提出「未來的成份」——將上演劇碼的重要性。

自我概念因此其實是一種被創造出來的認知基模（schema），它強烈地被社會的角色及期待所影響（見 Whitbourne, 1985, Markus & Herzog, 1991）。雖然被創造出來的人生全程的構念毫無疑問的是受到發展性歷程的影響，它也受到文化、社會角色、歷史的改變，及一個人的生命事件所影響。在接下來的討論，世代、年齡分層的角色，及社會情境，將會與成熟因素一起被考量為對案主了解自我的發展有所影響。

自我概念會引導一個人如何去面對環境的改變，同時在面對環境的改變之時，自我的概念也會進而受影響。如果人們無法合理及正確地預測出他們自己接下來的行為，以及他們將會面臨什麼事件，不正確或老舊過時的自我概念會導致他們的焦慮（見 Kelly, 1995）；又，如果人們負面地評估自己，則會導致他們抑鬱寡歡（例如：如果他們終生的成就沒有達到他們青少年時期為自己所設的目標，而這個目標到現在他們仍然認為是妥當的）。在治療中，治療目標一般是要減輕案主對自己非常態的沮喪及不滿意，而不是要求歷史的正確性。

下一個部分將闡述艾瑞克森的生命階段理論在老人生命回顧治療的應用。隨後將探討以社會老人學概念來了解人生全程的構念，及其在治療中所扮演的角色。

艾瑞克森及生命發展階段

艾瑞克森描述了生命週期從嬰兒到晚年的八個發展階段（見表 8.1）。我們可以看到在八個階段中，艾瑞克森以五個階段描述嬰兒到青少年的發展過程，留下三個階段來討論青壯年到晚年的發展。艾瑞克森的思考及關注焦點是放在兒童及青少年，他在晚年才開始對老年較感興趣（Erikson, 1978；also Erikson, Erikson & Kivnick, 1986）。他的理論之重要性在於將發展理論從兒童期延伸到成年期，並且主張成年期的發展性衝突將成為晚年未解決議題的源頭，同時也造成在晚年容易產生兒童期想法的衝突（thought-of-childhood conflicts）。

在此理論中，它鼓勵我們在面對老年案主時，應去尋找他在整個生命階段中未解決的發展衝突。假設為了解說的緣故，治療師必須依順序來處理這些主題，那麼焦點主題將會是主導案主內在生命的負向情緒主題。從這個觀點來看，一個七十五歲的案主就其內在情緒的成熟而言，可能還停留在十一歲的階段（勤奮對自卑），或甚至可能只有兩歲（自主性對自我懷疑）。這個觀點同時認為七十歲但仍在「生產對停滯」中掙扎，並沒有較四十五歲但仍在「親密感對孤立感」中掙扎來得好。很清楚的，並不是每一個六十歲以上的人就必然是處於最終「統合對絕望」的這個階段；也不是順應社會角色的外在指標就表示成功的完成階段的任務，也就是說，結了婚並非就表示已處理完「親密感對孤立感」的衝突。這個取向，特別是在這種嚴格的解釋之下，可以引領心理治療去處理案主一生中與心理發展不成熟相關的議題，及探詢在人生全程中約於何時發生了重要的事件而阻礙了心理的發展。

表 8.1　艾瑞克森的八個發展階段

年　齡	衝　突
嬰兒期	信任感對不信任感
幼兒期	自主性對自我懷疑
學齡前期	進取感對罪惡感
學齡期	勤奮對自卑
青少年期	認同感對認同混淆
青年期	親密感對孤立感
中年期	生產對停滯
老年前期	統合對絕望

資料來源：艾瑞克森（1963）

舉例而言，案例書（Knight, 1992）中的 Rose 似乎與他的第一任丈夫形成親密的連結。另一方面，雖然她有小孩，她似乎與他們少有連結，而且似乎沒有透過她的小孩或工作去解決她中年期的「生產」議題。她在工作上的努力有許多「勤奮對自卑」的意味：「如果我不能工作，我就什麼都不是。」在階段理論的此種嚴格解釋之下，這個觀察引導我們去質疑她與第一任丈夫親密連結的真實性，而他在Rose開始治療前已去世許多年。因為無法獲得其他對此關係的評估，我們可以假設很可能是她將這份關係及第一任丈夫理想化，而這理想化可以視為是她未解決悲傷的一部分。

Harold 似乎陷入在他與父親的衝突中，而且沒有形成個別的自我認同。即使已經八十歲了，他不知道他自己是誰，對自己的成就感到疏離，與妻子及小孩的連結性不高。甚至他對性的欲望看起來似乎仍是停留在青少年或青少年前期：他希望注視年輕女人並與她們說話，但他的慾望並沒有延伸到去觸摸她們，即使是在他的性幻想裏。

Lana 看起來陷入的是更早的階段。不被允許去對她的父親表達憤怒及發展她自己的進取感，所以她不斷的對沒有照顧她的醫生發脾氣。其他接下來的階段也都被阻礙了，而且她的自卑感困擾著她，對角色及認同感的混淆讓她無法去辨識情緒及身體症狀的差別，並且與她的情人及成人子女有著幼童般的關係。

雖然生命階段的理論強而有力，它同樣也存在著問題。在它這些術語之內，我們不禁會懷疑三個階段是否足夠去描述成人的生命。艾瑞克森等人（1986）也提到這個觀點，他們以許多的老人在被認為已達成統合階段的六十歲後，仍活了數十年甚至更久，來說明這個問題。就我個人的臨床經驗，我認為確實需要有更多的階段，或對成人生活有更多不同的分析方法，以說明老年人生命故事的豐富及複雜性。

這個理論似乎也沒有說明成人生活史中重要的差異性。女人的生活與男人相同嗎？（見 Helson, Mitchell, & Hart, 1985）文化與階級的不同是否創造出不同型態的生命故事？選擇不結婚的人是否他的發展就會停留在青少年期？選擇不要有小孩的人是否仍然是不成熟且阻礙他的機會去處理「生產對停滯」的議題？同性戀者的生活是否就會比異性戀者不成熟？要了解這些及其他不同的成人生活經驗，從純粹內在心理發展（intrapsychic development）觀點移向生理－心理－社會的模式，例如：人生全程心理學及老人學的生命歷程觀點（life course perspective），將會有所助益（Bengtson & Allen,1993）。

老人學的生命歷程觀點

生命歷程觀點是在老人學中一個新興的世界觀，它以生物學和社會學的名詞，以及比內在心理理論更寬廣的心理學名詞，來提供一個思考成人發展的架構。Bengtson 和 Allen（1993）使用不同的時鐘之隱喻，來解釋影響人們生命的各種因素。

生理的時鐘

生理時鐘在兒童期的發展扮演著重要的角色，也提供了架構給許多心理學的觀點，包括艾瑞克森的理論。在達致成人成熟後，這個鐘將會緩慢下來，而且可能也會變得比較不顯著。一些生理的改變被解釋為中年及老化的徵兆：有皺紋的皮膚、白髮、視力、聽力，以及在反應的時間、注意力，和集中力上有輕度到中度的改變。更年期提供女性一個更加戲劇化的記號，雖然它的意義及表面上的影響會因人不同而有著非常大的差異性。大體而言，這些老化的生理記號對自我概念的影響，來自於社會對其價值的定義遠超過於它們天生的顯著影響。白髮不代表衰老，但我們對它的反應可能是如此。更年期後喪失生育小孩的能力，究竟被視為解放或者悲劇，則依個人的生命故事及文化價值而定。這些記號提供了人們路標來宣佈中年或晚年的開始；它們同時也是一個時機，讓人們開始認真地面對生命的尾聲。

疾病及失能在晚年的高普及率，也影響著我們對晚年及老年人的看法。然而就如我在之前的章節所說的，我們不應該過度歸納老年人的疾病為一種常態的老化過程，而以其來定義晚年生命的意義。對疾病及其他身體功能限制的掙扎是生命中的一個重要主題，也並非是某一個年齡層所特有的現象。在案例書中，John 比 Harold 年輕二十歲，且有著更嚴重的身體失能狀況。

世代的時鐘

歷史的時鐘對人們的生命故事提供重要的情境背景，並有助了解人們生命差異的來源。當我們以世代團體成員的角度來測量生命歷程，這個時鐘告訴我們不同團體的人們在何時進入歷史時間的潮流中。進入歷史洪流先後次序的不同，成為觀察人與人之間差異的一個重要來源。在與老人工作時，世代的觀念可以幫助我們了解社會力量對案主自我認同的影響。對案主青少年或青年期的歷史階段有所認識，有助於我們去了解他是在一個什麼樣的社會環境下形成自我認同感。

比起生命週期的概念，世代成員的觀點更能說明年輕人與老年人在價值、音樂喜好、生命經驗、對當下潮流的看法、對健康的信念等等的不同。一個人進入中年的指標，在於察覺到比他晚出生的成人世代正發展著不同的世界觀，而且他們彼此在這世界上處於不同的位置上。讓老年人知道他們的看法並不是因為變老所產生的，而是因為與年輕世代有著不同的生命經驗，將可以幫助老年人更加了解及欣賞自己。

對典型的生命週期的期待，會隨著不同的時代及世代有所改變（Hagestad, 1990；Hagestad & Neugarten, 1985）。重要的是，了解什麼對案主的世代而言是常態的，從其架構之下去了解案主的生活，而不是從我們這個世代的眼光去看案主（舉例而言，與現代比起來，離婚對一些較早出生的世代而言，是一種較嚴重的污名，而早婚對他們而言則較不是）。Riley（1985）把假設其他世代的老化過程與我們本身一樣的這種錯誤稱為「世代中心主義」（cohort-centrism）。同時，對於生命沒有如一般期待所走下去的案主，治療師應該去質疑期待的來源，而不是接受該期待是人類發展的一種絕對的規則。舉例而言，案例書（Knight, 1992）中的 Frances，一直對於她自己不是成長於一個正常的家庭有著負面的感覺（她是私生女，這個名詞在當時代表著相當多的涵義及污名，同時她是在寄養家庭中長大的）。對她較有幫助的方法，是採用後來的社會標準去質疑她成長世代的價值觀，而非繼續以該標準去評斷她的生活。

家庭時鐘

另一種類型的鐘是家庭時鐘。在我們自己家庭的代際結構中，我們是處於什麼樣的位置？有多少尚活著的世代是老年人？又有多少世代是年輕人？家庭的情境可以幫助決定我們覺得自己有多老，我們感到自己有多孤單，正面臨什麼樣的老化議題。成為父母及看著小孩長大，給我們一種已成年及成熟的感覺。成年子女看著父母變老會促使他們去思考自己未來的老化過程。如果家庭在代際間有著他們自己不為外人所知的故事，則案主在這個故事中是局內還是局外人將會對他的自我概念有重要的影響。

與年齡相關聯的角色

在這些社會及家庭的情境中，人們必須完成以年齡而決定的社會角色（見 Neugarten & Hagestad, 1976）。我們有想法、規則，甚至法律來規定不同社會活動的執行順序，及從事這些活動的合適年齡。在職業的領域上，它的順序是學校、工作，及退休。在家庭生活的領域上，它的順序是約會、結婚、生兒育女、空巢期，及退休後的婚姻生活。家庭順序可能會與家庭的結束及重組互相交錯：約會、結婚、生兒育女、離婚、單親父母、約會、再婚、混合性家庭型態，這些都與學校生活及工作摻雜在一起。如同 Neugarten 和 Hagestad 所提及，這些角色的轉換通常伴隨著「準時」（在合適的年紀）或「不準時」（太早或太晚）來進行某些事的感受。對於時間表的感受可能會因文化背景、世代價值、性別等有所不同（Hagestad, 1990）。

這些與年齡相關聯的角色及伴隨而來的合適時間感，對於成人發展階段提出了一個概念上的重要挑戰。至少對嘗試自我了解的案主以及階段理論學家而言，很容易去將這些角色的改變誤解為發展階段的轉換。結婚、離婚，及再婚很清楚的是牽涉到角色的改變，以及重大的生命經驗，這些經驗塑造了人生全程的構念，但這就代表成熟嗎？同樣的，以職場為生涯取向的人，建構了工作歷史的發展觀點，但如果他們的工作歷史與其他人不一樣就表示他是較不成熟的嗎？（例如：他們一直待在一個工作上而不是換到下一個工作）許多討論中年發展性轉換的文章，所談的其實可能都是關於中年職場生涯的議題：某一特定職場的發展潛力不再是無限的；一個人已達到他職場階梯的最高一層，或者就算還沒達到，也可以看得到它將會是在哪裏，而不可能再有所突破。

以社會角色的詞語去思考這些改變，會傾向去強調變化及創造的潛力；而生命階段理論則傾向去暗示一個正確的順序、正確的時間安排，以及邁向成熟的正確途徑。以艾瑞克森嚴謹的觀點來說，現代的美國社會一定沒有做到去解決親密及生產的議題，因為許多成人選擇不結婚及不生育子女。雖然把現代美國社會的大多數人視為不成熟或仍處於青少年階段並非完全沒有價值，但另一個挑戰的觀點是，我們是否還應該去堅持一九五〇年代對常態發展的看法。艾瑞克森（1978）本人提到，他的例子大致上都是來自上流社會中有創造力的人們。

生命階段理論的這個觀點仍然是過於簡單。不同的人們有不同的角色可供選擇，而且對於什麼是「準時」也會有不同的看法。我們必須要去注意到性別、宗教、國籍、種族、社會階層、性別取向等的影響（Hagestad, 1990；Hagestad & Neugarten, 1985；Helson et al., 1985）。這些都將隨同世代成員因素一起塑造出個人的自我認同，及影響特別的生命經驗，而這些生命經驗將構成每個案主的生命。它們並幫助治療師去把案主放在社會及歷史的情境，並進而去問案主一些必要的問題，以確定沒有忽略某些形成案主自我概念的重要影響力。舉例而言，一位蘇格蘭人，一九二〇年出生在中西部農村一個中產階級的新教徒家庭，後來在從軍時發現他自己是同性戀。他的生命故事非常不同於另一位出生於一九三〇年的義大利裔天主教移民婦女，在丈夫意外死亡於一個工業災害後，她重回工作以養育她的子女。這兩個故事的不同是來自於性別、種族、宗教，及社會階層的差異，這些因素塑造他們所可以獲得的經驗及他們對這些事件的看法。

本節結語

這些來自生命歷程觀點及社會老人學的概念，以超越內在心理階段的觀點，讓我們可以更充分的了解並進而引導案主的人生全程的構念。這些觀點提醒我們發展的記號通常是生理的，雖然它們的意義可能是由社會所定義或高度的個人化。成熟感有很大部分是取決於個人在家族間的位置，以及年齡分層的社會角色時間表。這些發展性的成熟概念會一一被世代成員、性別、階級、種族、信仰等等所影響。為了讓這一般性的分析更加詳細，並鼓勵讀者與早期其他學者的文章做比較，在下一個部分我們將會從柏格曼（Bergman）的電影「野草莓」（*Wild Strawberries*），來重新拜訪及修訂劇中人物卜格醫生（Dr. Borg）的生命回顧。

重新思考卜格醫生的生命週期

英格瑪・柏格曼（Ingmar Bergman）的電影「野草莓」與生命回顧治療及階段理論有著長久的關聯。Robert Butler（1963）在討論老年人常態的追憶時提到此部電影；艾瑞克森（1978）分析這部電影以做為生命階段發展理論的範例。為了延續這個傳統，以及對前面將生命歷程、社會老人學與生命回顧予以整合的嘗試提出觀念上的澄清，我在這裏重新思考卜格醫生的一生。

階段理論最嚴謹的觀點

如果一個人採用階段理論最強而有力的論點——雖然艾瑞克森（1978）本人很清楚的並沒有如此做——他會開始質疑卜格醫生是否真的在處理「統合對絕望」的衝突。事實上，有許多的理由可以認為他是陷入更早期的生命階段。沒有任何的證據可以證明他已成功的解決親密的議題；實際上，大部分故事的焦點是放在他婚姻的徹底失敗，以及為何他在童年時期所愛的莎拉，之後是嫁給他的哥哥而不是他。雖然別人認為卜格醫生是一個成功的人，他似乎不認為「生產議題」已獲正向的解決：他認為他自己僅值「名譽傻瓜」而非「名譽博士」的頭銜，而且他與兒子的關係是冰冷且有距離的。

我們也有理由懷疑卜格醫生較早期的生命階段。以此觀點來看，初始夢境的意義是相當深遠的，不是因為他面對死亡，而是一些顯示出他自我認同混淆的徵兆：街上面無表情的人，以及他看到自己不清楚是死還是活著地躺在棺木裏。這個夢的檢視，描繪出他對他自己的專業感到自悲與無能：無法去牢記身為一位醫生的首要任務，不會使用顯微鏡，無法去辨識病人是死是活。在同樣的夢境中，檢視者宣判他的行為「有罪」，可能將他發展的遲緩更向前推。分析尚不需要在此點上打住，但這裏的主要結論是卜格醫生提供了老人掙扎於早期生命階段發展議題的範例。我們總是可以看到這一類的人雖然順從著成人的行為及角色（工作、結婚、養育子女等），但其實卻是以兒童（或者是青少年及成人前期）的內在心理成熟度來做這些事。

世代的主題

這部電影是於一九五九年由瑞典製作的，卜格醫生是七十八歲（艾瑞克森在文章中是寫七十六歲，但電影中是說七十八歲）。因此，他是出生於一八八一年，而且是在二十世紀初前後進入成熟階段。把卜格醫生置於他的世代情境中，他的價值與自我認同感（雖然不完整），必定受到一九〇〇年代瑞典邁進成人階段的那一世代所處社會歷史情境的影響。因為我對那一世代的人完全不了解，所以我無法有詳細的說明。我們可以猜測卜格醫生堅持他兒子重新付貸款的原則，以及面對女性抽煙的態度，可能都與該世代成員的想法有關。從這個故事中所衍生出卻沒有被直接提到的問題是，在四十歲生小孩（卜格醫生七十八歲，他的兒子三十八歲）對這個世代而言是否相當「不準時」？如果是，去探索他這麼遲才做父親的原因，將有助於我們對他的了解；但如果不是，則探索此議題並沒有太多臨床上的重要性。

一九五九年的瑞典與現今美國之間的差異，對世代變遷提供了例證。這部電影中，是以相當傳統的刻板印象來描述女性的角色。從比較卜格醫生的母親、她的媳婦瑪莉安娜，及那位搭便車的年輕女乘客莎拉，我們可以看到女性角色的改變。外表看似青少年晚期或年輕的成人被稱呼或對待為「孩子」。卜格醫生在他整個生命中一定曾經見識過類似的重大改變，有些部分他也許可以接受，有些則不能。

家庭時間

如果卜格醫生被視為是老年人在生命結束前回顧一生

的典範，那麼我們要如何來看待他仍活著的母親？在九十五歲的高齡，她會比他的兒子更接近死亡。雖然我們不知道他的父親發生了什麼事，或許從母親的長壽，我們可以推測沒有明顯的長期疾病或身體問題的卜格醫生，未來可能還有好幾十年的生命。

我們也被告知卜格醫生的母親有十個小孩，他是唯一還活著的。這個事實很可能造成卜格醫生的寂寞及接近死亡的感覺。如果卜格醫生能接受心理治療，他對喪失九個手足及父親的反應將會是繼續追蹤的重要主題。以家庭動力的議題來看，有趣的是只有卜格醫生及他的兒子會探望這位九十五歲的女家長。

我們也可以推論卜格醫生比他的母親小十七歲，而他在四十歲的時候生了他的兒子，現在他的兒子將在三十九歲有了他的第一個小孩。這是對卜格醫生所成長的家庭環境的一種反應嗎？也許他母親的冷漠讓他不願意有小孩或是對小孩不感興趣，這樣的反應也傳遞到他的兒子。雖然在電影中並沒有描述的非常清楚，我們可能可以推測卜格醫生的兒子在八歲以後是由卜格醫生以單親爸爸的身份撫養長大的（也有可能是由阿格達——家裏的女管家），因為在夢的檢驗的最後部分，提到卜格醫生的太太已去世三十年。電影裏並未探討這個主題，但是治療師應該會想要在治療中發掘更多的訊息。無論如何，卜格醫生將會在生命歷程的晚期——他七十九歲的時候——有了他第一個孫子，治療師應該會想要知道他對此的感受。

年齡分層的角色

關於他是否「準時」當父親，這個問題在之前已提過，在這裏沒有太多必要再討論。卜格醫生的職業只有被間接的描述過。很明顯的，他在早年的職業生涯中是從事臨床工作，爾後轉向研究工作。他對自己這一輩子的工作評價是相當矛盾的：他自述早年的職業生涯是乏味的，對於他晚年獲頒榮譽博士學位的成就評價，他似乎並不以為然。另一方面，與加油站老闆的會面——這位老闆在多年後仍喜愛及感激卜格醫生的行醫工作——似乎激發他去懷疑放棄醫生臨床工作是不是一個錯誤的選擇。我們對於他何時改變工作方向及其原因並沒有任何線索。很顯然，這是一個重要的主題範疇，更深入的治療探索將會對此主題有所助益。對此主題的分析，重點是在於職業的決定是在一個特定情境下的選擇，而不是一種發展性的過程。

以其他的社會角色來看，卜格醫生是男性，瑞典人，而且相當的富裕。很清楚的，如果他是女性或出生在一個中產階級或貧窮的家庭，他可有的選擇將會有所不同。他的宗教價值——在電影中常出現的一個主題——似乎造成他與童年時期的愛人、他的妻子，以及其他人相處上的困難。去探索他個人的議題如何影響著這些價值的表達，並進而導致他與家庭及朋友關係的疏離，需要治療師在諮商過程中相當的謹慎與機智。讓案主去諮詢他的牧師或神父關於他對這些價值的解釋，也有可能是治療過程中一個重要的輔助方法。

本節結語

這份對卜格醫生生命歷程回顧的評論，採用較灰暗的觀點來論證卜格醫生的成熟歷程。它同時也提出了許多的問題來了解卜格醫生的生命脈絡：世代、家庭、職業選擇、階級，以及宗教。在電影結束前，我們看到希望的徵兆，卜格醫生正邁向重建他生命故事的路程，這將會讓他往發展的方向前進：他對瑪莉安娜及阿格達更加親切，開始嘗試與他的兒子依瓦德溝通，並開始重建他失敗的人際關係。他的未來將會如何？

由於在電影最後卜格醫生並沒有去世或生病，他重建的生命故事應該也可以成為未來生命的劇情。生命會為卜格醫生保留些什麼？透過一些努力，他將很有可能會與兒子及媳婦和解，並且在新的家庭生活中擔任一個完全的祖父角色。一段與莎拉重新開始的羅曼史（電影描述她為七十五歲，而且相當漂亮），甚至於新的婚姻都並非不可能的。我們並不清楚他在生命這個階段上的職業及非職業活動，但很清楚的是他的智能仍很活躍，而且可以繼續他之前的工作或是開發新的途徑。由於他對過去成就的矛盾，後者也許是一個更好的選擇。對任何一個案主而言，生命回顧本身並不是一個結束，而是一個改善生命歷史的過程，以幫助案主面對現在以及創造未來（見 Whitbourne, 1985）。

治療師引導生命回顧的策略性議題

前面的討論，對以治療的詞彙來概念化生命回顧的過程提出論證。發展取向的生命回顧，極具說服力的主張，老年人可能會陷在生命早期裏成人或兒童期的衝突。社會學取向的生命歷程觀點補充發展性取向的看法，強調世代及家庭的社會情境，並且以社會角色間的移動來看生命階段的發展。角色的移動也許約略與年紀有關，但通常是以發展性的觀點來解釋這種角色的轉換，即使通往角色間的道路會因人而異並且是非系統性的（舉例而言，見 Hagestad, 1990，對女性的工作生涯，及對一般認為男性管理角色與年紀相關此種錯誤認知的評論）。

接下來將會探討治療師引導生命回顧的一些策略性議題。第一個議題是，在什麼樣的情況下治療師該決定對案主嘗試生命回顧；下一個議題則是，治療師不可能從任何一個案主身上獲得真正完整的生命故事，特別是老年案主比年輕的成人案主多了好幾十年的成人生活需要被回顧。完整回顧的不可能，引發出治療師是案主生命歷史的編輯之隱喻。最後，我強調生命回顧本身不是結束，而是應能引導出一個修訂過的生命劇本；對老年人及年輕人而言，生命回顧治療的重點都是在對未來作準備。

何時需要回顧案主的生命

何時該去回顧案主的生命，將會視對案主問題的評估而定，也就是視治療師的治療架構而定。我自己對此的觀點，是受到早期接觸到認知及行為學派學者 Bandura《行為修正的原則》（*Principles of Behavior Modification*, 1969）此書所影響，他提到治療應該只要去瞄準必要的最輕微改變即可，以達到案主的目標。Bandura 用修理汽車的隱喻來說明即使調整引擎後就可解決問題，心理動力取向的治療卻總是會去徹底修理引擎。雖然我的論點不像 Bandura 般的強烈，但是我同意沒有必要去對每一位案主使用生命回顧（及其他生命歷史的方法）。

在案例書（Knight, 1992）中的結論，我提到生命回顧常常是在悲傷輔導時所產生的，至少有部分是來自案主需要重新整理生命歷史，以期有能力去面對沒有已故者的未來新生活。重大身體功能的限制可能會需要生命回顧，以去了解即將沒有能力去看、去聽、去行動的未來。我同時認為對生命的重大新認識——如對之前被阻礙的情緒之了解——可能需要透過生命回顧，以去了解過去對於這份情緒的忽略是如何影響著生命，以及重新將它與生命合併可以如何地改變未來。同樣地，生命回顧與角色轉換（role transitions）之間的連結（由 Lewis & Butler, 1974 所注意到，雖然是以發展性的名詞來說明），可能意指人們有需要去改變生命歷史，以吸取新的角色和支持一個新的生命劇本，這個劇本將包括這個新角色及此角色所意謂的未來。

以上只是何時可以使用生命回顧的部分例子。老年人的確有很多的問題並不需要生命回顧。大部分的復健諮商沒有包括生命回顧；如果案主現有的自我概念可以支撐健康及情緒的必要改變，他也不需要生命回顧。許多晚年的急性憂鬱症、恐懼症，及焦慮症並不需要生命歷史的回顧。許多家庭的問題也不需要生命回顧，或者只需要焦點式的回顧那特定關係中的過去問題及美好時光。長期性與再發生的問題可能需要較長期的治療分析工作，包括生命回顧。如果有任何懷疑，可以先嘗試短期的生命回顧法；較長期的生命回顧法可以等案主的狀況較清楚，或是此需要很自然的在治療中產生時再運用。

完整的生命歷史

如果一個人決定進行生命回顧，老年人生命的長度及複雜性，會限制了生命回顧的完整。很清楚的，沒有治療師會去嘗試一分鐘接著一分鐘的回想，即使是與年輕的案主工作。然而因為有著數十年的生命需要去探討，治療師很可能在與案主工作了一至兩年，累積了許多詳細的生命歷史之後，卻發現最主要的部分仍然遺漏了。由於生命回顧的動機有一部分在於鼓勵案主將其所忽略的負向議題合併入生命（見 Fry, 1983），也因此治療師會鼓勵案主去發現他所遺漏的一些年代。這些遺漏將會是相當重要的線索，可以幫助治療師決定該與案主探討些什麼主題。

去發現時間被遺漏的一個主要方法，是將案主已知的生命歷史發展成一條時間線。如果發現有些年代被遺漏了，必須進一步探討這些遺漏的部分。案主有可能在他們的回憶過程中看起來很健談及開放，但仍忽略掉他們生命當中好些年代的歷史。有問題的工作歷史可能會被刪除掉、痛苦的失敗婚姻可能被省略、可能不去提疏遠的小孩等等。

第二類對完整性的檢查，是去檢查案主已被獲知的生命經驗領域。這些應該包括：

1. 原生家庭，包括案主重大的發展性議題
2. 教育經驗
3. 案主對相同世代人們的看法，以及這些看法對其自我概念的影響
4. 性的發展及歷史
5. 愛情史
6. 婚姻
7. 子女及家庭其他方面的狀況，或成人階段的家庭生活
8. 工作史及案主對它的評估

9. 案主如何看種族、性別，及社會階層對其生命所造成的影響
10. 案主對自己身體形象的看法及其身體的重要改變
11. 宗教／靈性的經驗，或生命觀／世界觀
12. 死亡的經驗
13. 對未來的感受（例如：還剩下多少時間，還有什麼事需要去完成）

當治療師與案主工作一段時間，或對案主已做了相當程度的探詢之後，治療師應該至少會對於上述的範疇有一大致的了解。如果有遺漏的部分，治療師應該去質疑在其治療焦點下或就案主所知的生命而言，這些遺漏是否為適當的。缺漏的主題，例如時間的遺漏，可能正是重要的線索，可探索出案主不願提起的議題，因此正是通往案主生命中敏感地帶的指南。

治療師如同編輯

因為完整的回顧過去生命是不可能的，治療師會為案主決定什麼是必須探討的，並且會與案主一起決定應該要強調哪些東西以建構生命歷史。如果我們確認生命歷史本身是一種被創造的自我基模，而非完整的流水帳冊（Sherman, 1991；Whitbourne, 1985），治療師可以被視為編輯著案主對生命歷史的寫作。這種編輯可能會刪除案主的資

料（「你容易把焦點放在你的失敗上，讓我們來談談你曾有過的成功經驗。」）如同在上一小節所提到的，它也可以表示去探討被刪除掉的資料（「我發現到我只知道你現在的工作狀況，是否談一談你在這工作之前是在做些什麼？」）它通常也代表著去重新解讀已呈現出來的資料（「你認為你的生活是相當有壓力的，但讓我印象深刻的是你把生活處理得非常好。」）

生命回顧的治療目標決定著這份編輯工作的範圍及焦點。如果目標是要幫助案主肯定自己，那麼可能編輯的焦點會放在過去歷史的正向部分。如果目標是要去改變案主長久以來自己並不了解的行為模式，則編輯工作可能著重於發現案主生命歷史中隱藏的及負向的因素。一個正掙扎於現在壓力的案主，可以被導引去回憶過去成功處理壓力的經驗。如果老年人想要去了解在我們的社會中做為一個老人代表著什麼，可以被引導去看到現在的生命其實是他們早期故事的延續，而不去以年紀來解釋現在的問題；並且協助他們計畫未來，以將現在的改變併入持續發展下去的生命。

未來：生命回顧治療之後

生命回顧治療絕不是在結束之後就完成了。老年人未來還有生命在等著他，我們有必要如同考慮過去的生命般來考慮未來的生活（見 Whitbourne, 1985）。在自我尋找的過程中，Ryff（1991）提到老年人似乎在過去、現在，與未來之間較年輕人及中年人更有一致性。與現在的自己比較起來，老年人認為未來的自己將不會有太大的改變或是對其未來抱著負向的態度；而年輕人及中年人則期待未來可以有新的進展 。這種看法上的差異，可能意謂著在與老人進行治療工作時，治療的願景會有所改變：未來沒有剩下太多的時間可以期待新的進展，同時未來常被認為是時間有限的且結果可能是負向的。當然我們並不清楚到底是老年案主還是年輕案主的觀點不夠實際。

計畫未來的生命，會因為對於所剩時間的不實際假設而有所限制。平均壽命表顯示，人們在六十五歲還有十四至十八年的餘命；七十五歲還有十一年；八十五歲還有五到七年。這通常表示，所剩時間比案主（也許包括治療師）所假設的還要多。

事實上，當因為患有嚴重的疾病而知道所剩時間不多，或因為疾病的惡化而可以預測身體不久將變得孱弱，計畫所剩的生命將顯得更為急迫。一旦知道時間有限，該處理哪些議題、該解決哪些生命及人際關係中未完成的事務，將成為迫切的課題。從這一點來說，與健康的案主比起來，孱弱的老人更需要治療師投注更多的努力來幫助他們計畫未來。

建構未來生命的腳本及未來的自我，對尚未步入老年的人來說也是有意義的。成年人很少會對中年時期工作及養育家庭之後的時期做規劃，更遑論老年退休的生活。生命歷程的大規模研究建議：退休在生命階段中佔了很大的一部分；我們在成人期所花在子女－父母關係上的時間比孩提時代還要多；寡婦是女性可以預期的一個角色，以及大多數的我們將會在生命結束的前幾年變得孱弱（見Hagestad, 1990）。

舉例而言，如果意識到我們與父母在未來的連結要比我們在成年前當他們「小孩」的那二十年來得長久，我們可能會選擇以不同的方法去解決孩提或青少年時代與父母的衝突；父母可能會以不同的方式對待他們的媳婦，如果他們了解到她很可能是他們未來的照顧者；因為我們可能會有二十到三十年的退休生活，我們應該像計畫工作及家庭般去思考我們的退休生活。給年輕人及老年人的心理治療，都應該如同處理過去生命歷史般地認真面對未來。

摘要

這一章對老人心理治療中常見的主題做了討論：悲傷、慢性疾病，以及生命回顧。這些主題被認為是促使老人心理治療有別於年輕人的常見因素。在這裡值得再次強調，這些主題並非是老人所特有的：年輕人也會悲傷、生病或失能，及回顧他們的生命。更進一步的說，老人並不僅侷限在這些主題上：老人通常也會在治療上討論婚姻問題、與子女的衝突、憂鬱、恐懼症、酒癮問題，及其他影響任何年齡層的問題。

在接下來的最後一章，我們會討論老人心理治療到底是不是一專門的學問。將會檢驗與老人進行治療的一些倫理議題，以及心理治療的整合運動與老人心理治療的潛在關係。最後並會探討老人的團體治療及家族治療。

建議進一步閱讀的文獻

Breytspraak, L. M.（1984）. *The development of self in later life*. Boston：Little, Brown.

Disch, R.（Ed.）.（1988）. *Twenty-five years of the life review：Theoretical and practical considerations*. New

York：Haworth.

Erikson, E.（1968）. *Identity：youth and crisis*. New York：Norton.

Erikson, E. H., Erikson, J., & Kivnick, H. Q.（1986）. *Vital involvements in old age*. New York：Norton.

Sherman, E.（1991）. *Reminiscence and the self in old age*. New York：Springer.

Viney, L. L.（1993）. *Life stories：Personal construct therapy with the elderly*. Chichester, UK：John Wiley.

結語

本書總結了我對於有必要調整心理治療來與老人工作的想法。運用以情境及世代差異為基礎的「成熟／特定挑戰」模式作為方針，本書一開始的前兩章裏討論到給心理治療師所參考的老人學，以及心理治療基於此四個面向所做的調整。首先以成熟的過程為基礎，來討論心理治療因應老人所做的些微改變：去覺察案主在認知與情緒上更加的成熟、了解到老人因為對於人際關係的了解而讓他更容易接受心理治療、放慢說話的速度，與儘可能使用簡單語句等。世代效應建議針對當前某些老人的需要，而對心理治療做較大幅度的調整，對於未來的世代或許就不需如此：諸如減少使用心理學術語、去配合較低的教育水平、減少仰賴邏輯推理能力與使用想像能力的機率、不同的詞彙使用方式，和不同的世界觀與價值觀。老年案主之特殊的社會情境，則被視為是造成治療師與案主之間，彼此難以理解與誤會的可能性因素。

接下來的兩個章節所強調的是與老年案主建立治療關係，以及與老年案主在治療關係上移情與反移情作用的變化。對於許多初次與老人工作的治療師而言，與老人建立關係似乎是困難的。因此，更積極地向案主解釋什麼是治療以及它的功效，是將心理治療推廣至對其不熟悉的族群，包括低社經地位的成人、少數族群、男性、兒童以及老人所必須具備的工作。這已是必須做的工作，並不僅是一般性的社交。案主年邁所造成治療關係的改變，可能是讓治療師覺得與老人進行治療是不同的或更為困難的主因，雖然實際上這樣的感覺是沒有必要的。

長久以來，老年案主的評估一向被認為是較複雜的（例如：Zarit, 1980）。當神經系統疾病愈普遍、醫療疾病所促成的精神併發症愈多、妄想性疾病普及率愈高，以及不同的社會背景因素，加總而造成老人評估的困難。這些年來我一再強調，欲達到正確評估，心理治療並不需要如同評估本身一般的專門化。然而，因為要做出正確性評估的要求，再加上持續在評估與處遇之間透過不斷的回饋而修正，讓老人心理治療的治療師具備高度的評估能力。

在評估之後，晚年特定的挑戰形成許多（並非全部）與老人進行治療的特殊方法，這些都是治療師所必須具備的專門知識。特定的挑戰包括悲傷處理、慢性疾病及失能的因應。除此之外，進行生命回顧的需要，意味著治療師有必要以生命歷程的觀點去協助老年案主確實看到他們的生命模式，同時可以正確並適切地將所認知到的改變歸因於成熟、世代間的差異、特定的挑戰，或是老人所處的社會文化情境。

老人心理治療究竟有多麼特別呢？就某方面來說，答案會是老人心理治療與年輕人的心理治療並無太大的不同。大致上來說，即使不完全是，心理治療的體系已成功的被運用在老年案主身上（請見第二章），一般報告顯示其所做的修正是十分些微的（見 Zarit & Knight，出版中）。這對於認為老年人與年輕人並無不同的治療師而言，是最佳的答案。

愈來愈多專門性的老人臨床實務工作中，案主的問題是根源於晚年、早期出生的世代，或是老人的社會背景，這些都需要更多特定的專業技術。如個案量中失智患者的比例越高，就需要在評估上具備更多的專業性。假使有更多的案主需要悲傷處理或復健諮商，就有必要具備與這些主題相關的專業能力。與老年案主的接觸越多，就越有可能會因對案主所產生的反移情作用而壓抑了治療技巧的運用。假如案主陷入個人成長過程的問題，則治療師將需要具備引導案主進行生命回顧治療的能力，以及區分成熟的改變和世代差異之間的不同。在護理之家工作的治療師，除了需要以上所有的專業知能之外，仍需要對護理之家的狀況有相當程度的了解，以提供相關的諮詢（Lichtenberg, 1994；Smyer, Cohn, & Brannon, 1988）。簡言之，與老人有愈多專業性的接觸，治療師就應具備更高的專門性。

與老人進行治療的專門化，在本質上實有自相矛盾的問題。問題在於治療師必須具備良好的特殊專長和有接受督導的老人工作經驗之外，並能以與對待他人相同的態度來對待老人。依據我許多教學和接受同事諮詢的經驗，透過專業性的訓練或諮詢，可以讓治療師去覺察到如何以對待年輕案主的態度去看待老人並且提供治療。這樣的覺察能力，需要透過對老化相關知識的學習以及與老人相處的經驗，才能夠摒棄歧視與刻板印象，不讓其阻礙了治療技巧在老人身上的運用。

以對待他人同樣的態度來對待老人，其重點在於將運用在年輕案主身上的倫理原則擴及至老年案主身上。以下提出一些在老年案主當中常見的倫理議題。

老年案主的倫理議題

案主同意權的行使

尚有自主能力的老人是有權去表示同意或拒絕接受心

理治療和其他心理衛生的處遇。案主能行使同意權表示其了解所提供的服務為何，以及知道接受或拒絕服務的優缺點。我曾經做過非常多與老人相關的外展工作（見 Knight, 1989），也一直感覺到有需要在社區裏針對老人推展心理治療的教育工作。教育的目的在於確保潛在性案主知道他所拒絕的治療是什麼（或者是知道他所同意的是什麼）。拒絕的決定是應該受到尊重的，但治療師仍然應該去確認老人的拒絕是建立在被告知的前提之上。我曾經有一位案主，當他被告知治療是短期的、收費標準是彈性的、未牽涉到住院，以及可以自定目標時，就改變他原先拒絕的心意。

他人的影響力使得同意權的行使更為複雜。老人們經常是由家人帶入治療關係。即使治療只是家人的期望，除了家人的意願之外，也需要去了解老年案主對接受心理治療的意願。我們常常會看到治療師或其他助人專業者與家人一起哄騙或強迫被動的老人，讓這些老人接受他們本身並未同意的協助。堅持獲取老年案主的同意，是和案主建立良好關係很重要的一部分。假設家人希望接受協助，但老人拒絕時，也許家人可以自己前來尋求治療。

當老人是失智患者時，同意權的行使是常見且複雜的議題。問題在於當失智老人已無行為能力去行使同意權，而可以代為行使同意權的人卻又無法即時協助案主執行同意權（詳見 Grisso, 1994）。在此討論的目的是建議治療師能牢記以下要點：

1. 並未失智的老人是可以行使或拒絕同意權的。
2. 失智老人可以行使同意權或保留同意權的行使，直到病情惡化至某個程度。
3. 決定病情惡化程度的基點，是依所要作的決定為準。

心理治療師似乎是不太有機會與無法行使同意權的失智老人進行治療。然而，行為處遇與適切的倫理原則是必須維持的。

保密原則

在心理治療中，老人與年輕案主一樣，都應獲得完全保密的承諾。我發現到保密原則運用在老年案主身上時，往往會因為和家屬以及其他的專業工作人員分享治療過程而受到侵犯。我從未聽過任何好的理由來解釋治療師與家屬分享治療訊息的衝動。看來好像是治療師經常把自己視為家庭成員的一份子，並和他們站在一起來幫助老人。對我而言，往往家庭正是案主不想分享隱私的地方。

通常與其他助人專業的分享是立基於一個正當性的前提之下：透過專業之間的合作與不同機構之間的協調來共同協助老人。雖然那是一個善意、正當的原則，不過這當然也包括他是案主的這個事實。在過去十五年來與老年案主工作的經驗，案主很少拒絕我將治療的訊息與其他工作人員分享。很少數的案例中，拒絕都是有很充分的理由，而且這些理由往往是治療過程中很重要的訊息。

與行使同意權一般，保密原則常見的價值衝突，是牽涉到當案主有中度至重度認知的缺損，並且可能有生命危險。在這樣的情況之下，與他人取得聯繫是被允許的。以我的觀點，重點在於必須確認這是在一般性原則之外的特殊情況，同時也是在思考過所有的照顧方式之後的例外選擇。對某些個人而言，可以繼續維持自由與自主性，是值得去冒險承受身體的傷害與居住環境品質的低落。

利益 vs. 自主

上述為了認知受損的老年案主之利益而涉及違反保密原則的例子，引起「利益與自主」（beneficence vs. autonomy）這更為普遍的價值衝突議題。Gilhooly（1986）和 Fitting（1984, 1986）分別廣泛地撰寫關於這兩個倫理原則的論述，以及這兩項倫理衝突的情境如何發生在老年案主身上 。利益是指以案主的利益為行動的目標；而自主是指讓案主去主導他們自己的生活。很清楚的，衝突就在認知缺損的老人身上顯現了，因為他們的自主能力被認為是有缺損的。然而，即使是認知的失能確實影響到案主當下的自主性，我們仍然可以去探查失智患者過去的期望，並依循那些期望來行動。假使要將案主的自主性擱置一旁，則問題是誰來為失智案主做最有利的決定：例如，家庭中的某一成員、專業人員、失智患者住所裏的工作人員、研究方案的主導者。這不難聯想到，任何一個替代性的決定者，很有可能會以他或她自身的利益為準，而並不是以失智老人之最大利益著想。

讓人不解的是，有愈來愈多非失智的老年案主選擇放棄自主性。例如，目前關於老人自己決定拒絕或中斷醫療的處遇已有諸多的討論，而導致死亡的可能性。此類的討論傾向把焦點放在以患者的利益來考量，而爭論點在於到底是我們所認為的保持案主生命，還是讓案主選擇早些或是輕鬆點死亡對案主較好。對於患者自主性的考量，往往無法在這些爭論當中獲得清楚的答案。案例書（Knight, 1992）中的案例（例如 Agnes 和 Bea），說明了當案主在治療間裏決定了行動的方向，卻在他離開治療室之後又有不同的作法。這些決定是複雜且高度個人化的，而個人在心理上也確實有必要去嘗試某一觀點一段時間，以了解實際上他所要的是另外的東西。在同樣的治療情境當中，婚姻關係不幸福的個人可能會決定離婚，但在進行探索離婚的意義之後，卻又反過來決定要努力改善其婚姻關係。專業人員及家屬很容易影響案主的決定，好比透過強烈表達自己的看法，或在案主還沒有時間去嘗試或拒絕之前，積極贊成當前的決定。自主性的考量應以案主的決定為主，而不是治療師所認為對案主好的決定；同時，所有的案例都應該遵行這樣的原則。

忠誠

Fitting（1984, 1986）也討論到忠誠（fidelity）原則，那是以誠實的態度去面對治療關係，以及其所伴隨的專業責任。此議題會發生在老年案主當中，是因為有許多與老年案主進行的工作，是依第三者的吩咐去執行的：如家庭、醫師、照顧機構的人員。雖然轉介者通常是出於協助的動機，希望能透過其他的接觸來達成案主所期望的改變（例如減輕憂鬱症狀），但是仍有很多的情況，是治療師被要求去改正老年案主，以符合轉介者的特定要求。諸如：母親應該不要佔用我太多的時間、病患應減少依賴醫師的程度、護理之家的老人應減少對護理人員的抱怨。在先前的章節裏（如第四章），曾把治療師傾向去認同案主家中與自己年齡最接近的成員，視為一種反移情作用的問題。這種情況所產生的倫理議題在於治療師以第三者的利益來處理老年案主的問題，是違反忠誠原則的。舉例而言，假設一位女性的老人受她的女兒轉介而來，她女兒希望母親能減少對別人的要求，而治療師可能會認為，如果母親更加懂得維護自我的權益將有助於她個人的利益和心理健康，但是這樣的結果卻有可能讓女兒覺得母親的要求變得更多了。到底是誰的目標在引導治療的過程呢？

關於治療師對老年案主的忠誠，Carstensen（1990）提出一個不同的觀點：其認為缺乏對於常態性老化的了解，可能會造成我們視老人為年輕的或中年的案主，而給予不恰當的處遇。在他們提出的例子當中，當一個嬰兒因為被陌生人抱而焦慮哭泣，並不會有治療師要對他進行治療。但我們卻常會假設老人是需要處遇的介入，因為他們的社會活動力依年輕人的標準來看是較低的。對老年案主的忠誠，應該以老人所認為的參考架構來思考什麼會造成傷害，和什麼需要被改變，而不是以治療師的眼光去揣測。

許多居住在護理之家的老人，處境則更為複雜，特別是當他們的失智症狀日益惡化、沒有溝通能力、即將失去自主性時。治療師的處遇仍然應該依循著以個人最大利益為考量的利益與忠誠原則，然而這可能會與機構所要求的成本效益、有效率的運用員工時間等目標有很大的不同。例如，Baltes 和她的同僚（Baltes & Reisenzein, 1986）表示在護理之家，住民的依賴行為是被鼓勵的，因為相較於鼓勵個人去達到最佳的自主性，提供所有住民相同層次的照顧對機構而言是較有效率的。

重點是「誰是案主？」以及我們是否能坦誠的對老人或對我們自身作答。至少，獲得案主的同意代表著，無論何時老人都應該了解進行治療的治療師是誰，以及處遇的目標是什麼。治療師應該澄清工作上的共識，更應該積極的去質疑為了第三者而改變案主的倫理議題。我認為，並非這類的處遇都是不符合倫理的。但治療師應該一直保持質疑的態度，來思考依據第三者要求所進行的處遇是否符合倫理的原則。隨著管理式醫療（managed care）和其他控制健康照顧成本之方法開始主導心理性服務的提供時（見 Knight & Kaskie, 1995），這些考量在未來將只會持續的增加。

朝向整合性的老人心理治療

自從《老人心理治療》發行第一版之後，十年來這個領域是更加成長且成熟。就如同我們在此版當中所看到的，已有更多與老人工作相關的文獻被提出。當更多的人為了與老人工作而接受訓練，當老人醫療保險提高臨床心理治療師和臨床社會工作師的給付時，這個領域正以穩定發展的模式展開中。在大部分的服務單位，已不再需要去爭辯心理治療是否合適於老年族群。目前的問題是，是否有必要修正？修正多少？

許多針對老人的心理治療仍然相當因襲傳統的心理治療體系。大部分撰寫老人心理治療的論述中，可以清楚的指出其理論架構是認知行為、家庭系統、人際關係、心理動力取向等等（例如，Zarit & Knight，出版中）。

過去的十年間，在老人心理治療的範疇外，有一值得注意的趨勢是朝向治療體系的整合（如 Beutler & Clarkin, 1990；Prochaska & Norcross, 1994；Saltzman & Norcross,

1990）。一般而言，這樣的整合是奠基於跨體系之間常見元素的觀察，企圖做理論層次的整合，或有系統地去嘗試方法及技術上的折衷，並致力於治療技術和案主問題之間的一致性（見 Lazarus & Beutler, 1993）。整合學派的理論家同樣的也沒有給予老人太多的關注：在 Saltzman & Norcross（1990）以案例為基礎的整合性對話錄，年紀最大的案主是四十四歲。

本書可以被視為是運用整合性治療原則於老年案主的第一步。就治療體系而言，許多的討論都嘗試朝向中立的立場。以我的觀點，心理治療運用於老人身上所產生的問題並非只會發生在某一特定的治療體系內，而是所有的治療體系都會遭遇到的。關於心理治療該如何因應老人的需求而加以調整，其答案不在於心理治療體系該如何修正。事實上，我的建議是當面對特定的心理治療情境時，心理治療應該基於科學性的老人學觀點加以調整。而以社會情境及世代為基礎的「成熟／特別挑戰」模式正可以做為一個指導的架構。

此書也採用不同的方式在做整合。在提到晚年特定挑戰的那些章節裏，採源自於不同治療傳統的技術來因應每一個特定的挑戰。如章節裏所述：悲傷處理事實上本身就是一個治療體系；在處理慢性疾病和失能當中，主要闡述的內容是採用認知行為的策略；生命回顧的討論則是以心理動力的技術和原則來說明。很顯然的我們需要更多經驗與概念上的努力，才能更加澄清該如何適切的使用這些或其他治療性的方法來面對晚年的問題。即使這第一步的整合，也是源自於對傳統觀點的挑戰：認為治療往往在於幫助憂鬱的老人處理一般性的失落感。以整合性的觀點而言，老年案主就如同其他成人一般，有著各種特殊性的問題，需要以特別的治療方法來解決。

朝向前瞻性的治療（Prospective Therapy）？

生命歷程觀點在心理治療的運用有潛力讓以「現在為中心」或「過去為中心」的傳統治療觀點有所改變。老人學裏的生命歷程觀點提出了一個問題：是否心理治療不僅是可以回溯過去，同時也可以展望未來？除了要解決當前的問題和處理早期生命階段的衝突之外，治療師是否要向所有的案主拋出問題，讓他們去計畫未來老年的生活呢？

目前，我們只能為前瞻性治療草擬可以詢問案主的問題。如果人們考量到生命會有多少時間處於失能與慢性疾病的狀態時，身體健康議題和健康預防方法則變得更為重要。在此，問題的重點並不完全是生命會有多長，而是你期待一生中身體可以有多健康。

當人們開始思考未來彼此將會有數十年要生活在一起，健全的維繫家庭關係可能開始具有更重要的意義；而社會情緒選擇性理論（socioemotional selectivity theory）也預測人們對家庭的依賴將會提高（Carstensen, 1993）。如果除了有需要去改變過去「小孩－父母」式不平等關係外，還能夠去考量在未來整個生命歷程中與父母之間的連結，則青少年和青年期因尋求個體化而與父母產生的衝突，對於所有的人而言將會有不同的意義；假使能夠考慮到退休後的餘命，那麼生涯發展對案主自我概念的主導也將會有所不同；如果個人認真的以整個生命的長度來思考，則問題解決、個人議題和成熟的處理，可能就不那麼緊迫了。概略來說，老人學與生命歷程觀點提供治療師一個可能性，將治療的焦點放在替未來計畫一份良好的劇本，因此當下的目標包括解決當前的問題和處理兒童期舊有未完成的課題，同時提供基礎來建構可能性的未來。

結語

我的工作大部分是著重於個別性的治療，而非團體或家族治療。我希望接下來的討論能澄清我個人的這種取向是受治療經驗所影響，而不是我認為這些方法有任何相對的重要性。

談到運用於老人的團體治療，以我個人的經驗，要讓老人參與團體心理治療較個人心理治療來得困難。我的經驗是只能由目前和過去接受個別心理治療的案主當中，嘗試組成心理治療團體。透過與其他治療師的交流，讓我發覺這樣的現象並非特別是因為老人的緣故，而是地域性因素所產生的。我曾經自同業之間得知相似的情況也遍及南加州，同時由其他同業獲知，在美國其他州卻有很不同的報告結果。老人文康中心或其他老人服務網絡當中，自助團體與以心理相關議題為主的討論團體，較少發現有令老人抗拒的現象。

原則上，我認為團體心理治療和其他團體工作對於老人是相當有助益的。如同其他年齡層的案主，老人的許多問題都涉及大量人際關係的課題，能夠在團體的情境當中去處理這些課題，應該會有相當大的幫助。團體治療的提倡者必須要去思考團體治療對老人產生功效的決定性因素為何？其次必須留意的是，團體治療的功效往往是透過假設，而非經過驗證。一個針對照顧者的社會心理處遇後設分析顯示，團體方法的功效低於個別取向的方法（Knight et al., 1993）。這個論點需要更多的研究來輔證之。

在此並沒有對團體工作有很深入的探討，是由於我個人在團體經驗上相對性的不足。此外，其他的相關書籍的作者，包括 Toseland（1990）《老人團體工作》（*Group Work With Older Adults*）對於團體動力與運用於老人之各類型團體已提供很詳盡的說明。

同樣的，本書對家庭及其與老人工作時的重要性並沒有太多的討論。依據南加州的社會人口狀況，要使晚年家庭系統的所有成員進入一個治療室的機率是相當小的。我個人在運用家庭系統理論時，大部分是在於了解會談者的家庭背景，並且抱持著最先被轉介而來的案主，未必是真正的案主的覺察力。這樣的想法，與 Bowen 對個別案主進行家族治療所觀察到的現象不謀而合。我經常會藉機和家屬碰面：假日會面時、家屬接送老年案主接受治療時，或家訪時（已經過案主的同意）。關於團體式的家族治療，下列書籍裏對於老人的家庭有更廣泛的討論，包括：Qualls（1988，出版中），Bumagin 和 Hirn（1990），Carter 和 McGoldrick（1989）。

摘要

以社會情境及世代為基礎的「成熟／特別挑戰」模式描繪老年人為：一個成熟的個體在獨特的社會、家庭背景之下正面臨著特定的問題，並有著早期出生世代所擁有的價值和看法。並不是案主的年齡，而是這些特定的問題決定了心理治療的技術與目標。心理治療必須因應老人的世代差異與社會情境因素而有所調整，否則只會讓治療師單純地覺得，老人心理治療與年輕案主的治療有所不同。與老年案主進行治療工作，是一種挑戰，也是很有價值的工作。治療師會發覺在心理治療親密的情境中去了解生命的最後一個階段，是一種成長的經驗。

參考書目

Abraham, K. (1953). The applicability of psychoanalytic treatment to patients at an advanced age. In S. Steury & M. L. Blank (Eds.), *Readings in psychotherapy with older people* (pp. 18-20). Washington, DC: Department of Health, Education, and Welfare. (Original work published 1919)

American Psychiatric Association. (1980). *Diagnostic and statistical manual of mental disorders* (3rd ed.). Washington, DC: Author.

American Psychiatric Association. (1987). *Diagnostic and statistical manual of mental disorders* (3rd ed., Rev.). Washington, DC: Author.

American Psychiatric Association. (1994). *Diagnostic and statistical manual of mental disorders* (4th ed.). Washington, DC: Author.

Anthony, J. C., & Aboraya, A. (1992). The epidemiology of selected mental disorder in later life. In J. E. Birren, R. B. Sloane, & G. D. Cohen (Eds.), *Handbook of mental health and aging* (2nd ed., pp. 27-73). San Diego: Academic Press.

Atkinson, R. M., Ganzini, L., & Bernstein, M. J. (1992). Alcohol and substance-use disorders in the elderly. In J. E. Birren, R. B. Sloane, & G. D. Cohen (Eds.), *Handbook of mental health and aging* (2nd ed., pp. 516-556). San Diego: Academic Press.

Baltes, M. M. (1995). Dependency in old age: Gains and losses. *Current Directions in Psychological Science, 4,* 14-18.

Baltes, M. M., & Reisenzein, R. (1986). The social world in long-term care institutions: Psychosocial control towards dependency? In M. M. Baltes & P. B. Baltes (Eds.), *The psychology of control and aging* (pp. 315-344). Hillsdale, NJ: Lawrence Erlbaum.

Bandura, A. (1969). *Principles of behavior modification.* New York: Holt, Rinehart & Winston.

Bandura, A. (1977). *Social learning theory.* Englewood Cliffs, NJ: Prentice Hall.

Barrett, T. R., & Wright, M. (1981). Age-related facilitation in recall following semantic processing. *Journal of Gerontology, 36,* 194-199.

Beck, A. T., Ward, C. H., Mendelson, M., Mock, J., & Erbaugh, J. (1961). An inventory for measuring depression. *Archives of General Psychiatry, 4,* 561-571.

Bengtson, V. L., & Allen, K. R. (1993). The life course perspective applied to families over time. In P. G. Boss, W. J. Doherty, R. LaRossa, W. R. Schumm, & S. K. Steinmetz (Eds.), *Sourcebook of family theories and methods: A contextual approach* (pp. 469-498). New York: Plenum.

Bengston, V. L., Reedy, M. N., & Gorden, C. (1985). Aging and self-conceptions: Personality processes and social contexts. In J. E. Birren & K. W. Schaie (Eds.), *Handbook of the psychology of aging* (2nd ed., pp. 544-593). New York: Van Nostrand Reinhold.

Bengtson, V. L., & Robertson, J. (1985). *Grandparenthood.* Beverly Hills, CA: Sage.

Beutler, L. E., & Clarkin, J. F. (1990). *Systematic treatment selection: Toward targeted therapeutic interventions.* New York: Brunner/Mazel.

Beutler, L. E., Scogin, L., Kirkish, P., Schretlen, D., Corbishley, A., Hamblin, D., Meredith, K., Potter, R., Bamford, C. R., & Levenson, A. I. (1987). Group cognitive therapy and Alprazolam in the treatment of depression in older adults. *Journal of Consulting and Clinical Psychology, 55,* 550-556.

Blessed, G., Tomlinson, B. E., & Roth, M. (1968). The association between quantitative measures of dementia and of senile change in the cerebral grey matter of elderly subjects. *British Journal of Psychiatry, 114,* 797-811.

Botwinick, J. (1984). *Aging and behavior* (3rd ed.). New York: Springer.

Breytspraak, L. M. (1984). *The development of self in later life.* Boston: Little, Brown.

Brody, C. M., & Semel, V. G. (1993). *Strategies for therapy with the elderly: Living with hope and meaning.* New York: Springer.

Bumagin, V. E., & Hirn, K. F. (1990). *Helping the aging family.* Glenview, IL: Scott, Foresman.

Buschke, H., & Fuld, P. A. (1974). Evaluating storage, retention, and retrieval in disordered memory and learning. *Neurology, 24,* 252-254.

Butler, R. N. (1963). The life review: An interpretation of reminiscence in the aged. *Psychiatry, 119,* 721-728.

Butler, R. N. (1975). *Why survive? Growing old in America.* New York: Harper & Row.

Butler, R. N., & Lewis, M. I. (1991). *Aging and mental health* (4th ed.). St. Louis: C. V. Mosby.

Carstensen, L. L. (1990, November). *Normal aging: Implications in assessment and treatment.* Invited paper presented at the meeting of the Association for the Advancement of Behavior Therapy, San Francisco.

Carstensen, L. L. (1993). Motivation for social contact across the life span: A therapy for socioemotional selectivity. In J. Jacobs (Ed.), *Nebraska Symposium on Motivation, 1992: Developmental perspectives on motivation.* (vol. 40). Lincoln, NE: University of Nebraska Press.

Carstensen, L. L., & Edelstein, B. A. (Eds.). (1987). *Handbook of clinical gerontology.* New York: Pergamon.

Carter, B., & McGoldrick, M. (Eds.). (1989). *Changing family life cycle: A framework for family therapy* (2nd ed.). Boston: Allyn & Bacon.

Christensen, H., Hadzi-Pavlovic, D., & Jacomb, P. (1991). The psychometric differentiation of dementia from normal aging: A meta-analysis. *Psychological Assessment, 3,* 147-155.

Costa, P. T., & McCrae, R. R. (1985). Hypochondriasis, neuroticism, and aging: When are somatic complaints unfounded? *American Psychologist, 40,* 19-28.

Costa, P. T., & McCrae, R. R. (1988). Personality in adulthood: A six-year longitudinal study of self-reports and spouse ratings on the NEO personality inventory. *Journal of Personality and Social Psychology, 54,* 853-863.

Costa, P. T., McCrae, R. R., & Arenberg, D. (1983). Recent longitudinal research on personality and aging. In K. W. Schaie (Ed.), *Longitudinal studies of adult psychological development* (pp. 222-265). New York: Guilford.

Costa, P. T., Zonderman, A. B., McCrae, R. R., Cornoni-Huntley, J., Locke, B. Z., & Barbano, H. E. (1987). Longitudinal analysis of psychological well-being in a national sample: Stability of mean levels. *Journal of Gerontology, 42,* 50-56.

Covey, H. C. (1992-1993). A return to infancy: Old age and the second childhood in history. *International Journal of Aging and Human Development, 36,* 81-90.

Craik, F. I. M., & Trehub, S. (1982). *Aging and cognitive processes.* New York: Plenum.

Crook, T., Bartus, R. T., Ferris, S. H., Whitehouse, P., Cohen, G. D., & Gershon, S. (1986). Age-associated memory impairment: Proposed diagnostic criteria and measures of clinical change. Report of a National Institute of Mental Health Work Group. *Developmental Neuropsychology, 2,* 261-276.

DeBerry, S. (1982). The effects of meditation-relaxation on anxiety and depression in a geriatric population. *Psychotherapy: Theory, Research and Practice, 19,* 512-521.

De Rivera, J. (1984). Development and the full range of emotional expression. In C. Z. Malatesta & C. E. Izard (Eds.), *Emotion in adult development* (pp. 45-63). Beverly Hills, CA: Sage.

Derogatis, L. R., & Spencer, P. M. (1985). *The Brief Symptom Inventory.* Baltimore: Johns Hopkins University Press.

Dye, C. J. (1978). Psychologists' role in the provision of mental health care for the elderly. *Professional Psychology, 9,* 38-49.

Erikson, E. (1963). *Childhood and society* (2nd ed.). New York: Norton.

Erikson, E. (1968). *Identity: Youth and crisis.* New York: Norton.

Erikson, E. (1978) Reflections on Dr. Borg's life cycle. In E. H. Erikson (Ed.), *Adulthood: Essays* (pp. 1-24). New York: Norton.

Erikson, E. H., Erikson, J., & Kivnick, H. Q. (1986). *Vital involvements in old age.* New York: Norton.

Field, D., & Millsap, R. E. (1991). Personality in advanced old age: Continuity or change? *Journals of Gerontology: Psychological Sciences, 48,* P299-P308.

Fisher, J. E., & Carstensen, L. L. (1990). Behavioral management of the dementias. *Clinical Psychology Review, 10,* 611-629.

Fitting, M. D. (1984). Professional and ethical responsibilities for psychologists working with the elderly. *Counseling Psychologist, 12,* 69-78.

Fitting, M. D. (1986). Ethical dilemmas in counseling elderly adults. *Journal of Counseling and Development, 64,* 325-327.

Folstein, M., Anthony, J. C., Parhad, I., Duffy, B., & Gruenberg, E. (1985). The meaning of cognitive impairment in the elderly. *Journal of the American Geriatric Society, 33,* 228-275.

Folstein, M. F., Folstein, S. E., & McHugh, P. R. (1975). "Mini-Mental State": A practical method for grading the cognitive state of patients for the clinician. *Journal of Psychiatric Research, 12,* 189-198.

Frankfather, D. (1977). *The aged in the community.* New York: Praeger.

Frazer, D. (1995). The interface between medicine and mental health. In B. G. Knight, L. Teri, J. Santos, & P. Wohlford (Eds.), *Mental health services for older adults: Implications for training and practice* (pp. 63-72). Washington, DC: American Psychological Association.

Freud, S. (1953). On psychotherapy. In J. Strachey (Trans.), *The complete psychological works of Sigmund Freud* (Vol. 6, pp. 249-263). London: Hogarth. (Original work published 1905)

Fry, P. S. (1983). Structured and unstructured reminiscence training and depression in the elderly. *Clinical Gerontologist, 1,* 15-37.

Gallagher-Thompson, D., & Thompson, L. W. (1995). Issues in geropsychological training at the internship level. In B. G. Knight, L. Teri, J. Santos, & P. Wohlford (Eds.), *Mental health services for older adults: Implications for training and practice* (pp. 129-142). Washington, DC: American Psychological Association.

Garfield, S. L. (1978). Research on client variables in psychotherapy. In S. L. Garfield & A. E. Bergin (Eds.), *Handbook of psychotherapy and behavior change* (pp. 191-232). New York: John Wiley.

Gatz, M., & Hurwicz, M. (1990). Are older people more depressed? Cross-sectional data on Center for Epidemiological Studies Depression scale factors. *Psychology and Aging, 5,* 284-290.

Gatz, M., & Pearson, C. G. (1988). Ageism revisited and the provision of psychological services. *American Psychologist, 43,* 184-188.

Gatz, M., & Smyer, M. A. (1992). The mental health system and older adults in the 1990s. *American Psychologist, 47,* 741-751.

Gendlin, E. (1978). *Focusing.* New York: Everest House.

Genevay, B., & Katz, R. S. (1990). *Countertransference and older clients.* Newbury Park, CA: Sage.

Gilewski, M. J., Farberow, N. L., Gallagher, D., & Thompson, L. W. (1991). Interaction of depression and bereavement on mental health in the elderly. *Psychology and Aging, 6,* 67-75.

Gilhooly, M. L. M. (1986). Ethical and legal issues in therapy with the elderly. In I. Hanley & M. Gilhooly (Eds.), *Psychological therapies with the elderly* (pp. 173-197). New York: New York University Press.

Goldfarb, A. I., & Sheps, J. (1954). Psychotherapy of the aged III: Brief therapy of interrelated psychological and somatic disorders. *Psychomatic Medicine, 16,* 209-219.

Goldfried, M. R., & Davison, G. (1994). *Clinical behavior therapy* (2nd ed.). New York: Holt, Rinehart.

Goldstein, A. P. (1973). *Structured learning therapy: Toward a therapy for the poor.* New York: Academic Press.

Grisso, T. (1994). Clinical assessments for legal competence of older adults. In M. Storandt & G. R. VandenBos (Eds.), *Neuropsychological assessment of dementia and depression in older adults: A clinician's guide* (pp. 119-140). Washington, DC: American Psychological Association.

Gurin, G., Veroff, J., & Feld, S. (1960). *Americans view their mental health.* New York: Basic Books.

Gutmann, D. (1987). *Reclaimed powers: Toward a new psychology of men and women in later life.* New York: Basic Books.

Gynther, M. D. (1979). Aging and personality. In J. N. Butcher (Ed.), *New developments in the use of the MMPI* (pp. 39-68). Minneapolis: University of Minnesota Press.

Haan, N., Millsap, R., & Hartka, E. (1987). As time goes by: Change and stability in personality over fifty years. *Psychology and Aging, 1,* 220-232.

Hagestad, G. O. (1990). Social perspectives on the life course. In R. H. Binstock & L. K. George (Eds.), *Handbook of aging and the social sciences* (3rd ed., pp. 151-168). San Diego: Academic Press.

Hagestad, G. O., & Neugarten, B. L. (1985). Age and the life course. In R. H. Binstock & E. Shanas (Eds.), *Handbook of aging and the social sciences* (2nd ed., pp. 35-61). New York: Van Nostrand.

Haight, B. (1988). The therapeutic role of a structured life review process in homebound elderly subjects. *Journal of Gerontology, 43,* 40-44.

Haight, B. K. (1992). Long-term effects of a structured life review process. *Journals of Gerontology: Psychological Sciences, 47,* 312-315.

Haley, W. (in press). The medical context of psychotherapy with the elderly. In S. H. Zarit & B. G. Knight (Eds.), *Psychotherapy with the elderly: Effective interventions with older people.* Washington, DC: American Psychological Association.

Haley, W. E., & Pardo, K. M. (1989). Relationship of severity of dementia to caregiver stressors. *Psychology and Aging, 4,* 389-392.

Hall, C. M. (1981). *The Bowen family theory and its uses.* New York: Jason Aronson.

Harris, L., & Associates (1975). *The myth and reality of aging in America.* Washington, DC: National Council on Aging.

Hartlage, S., Alloy, L. B., Vazquez, C., & Dykman, B. (1993). Automatic and effortful processing in depression. *Psychological Bulletin, 113,* 247-278.

Helson, R., Mitchell, V., & Hart, B. (1985). Lives of women who became autonomous. *Journal of Personality, 53,* 257-285.

Hinze, E. (1987). Transference and countertransference in the psychoanalytic treatment of older patients. *International Review of Psycho-Analysis, 14,* 465-473.

Hultsch, D. F., & Dixon, R. A. (1990). Learning and memory in aging. In J. E. Birren & K. W. Schaie (Eds.), *Handbook of the psychology of aging* (3rd ed., pp. 259-274). San Diego: Academic Press.

Hussian, R. A., & Davis, R. (1985). *Responsive care: Behavioral interventions with elderly persons.* Champaign, IL: Research Press.

Jung, C. J. (1933). *Modern man in search of a soul.* New York: Harcourt Brace Jovanovich.

Kaplan, E., Goodglass, H., & Weintraub, S. (1983). *The Boston Naming Test* (Rev. ed.). Philadelphia: Lea & Febiger.

Kastenbaum, R. (1964a). The reluctant therapist. In R. Kastenbaum (Ed.), *New thoughts on old age* (pp. 137-145). New York: Springer.

Kastenbaum, R. (1964b). The crisis of explanation. In R. Kastenbaum (Ed.), *New thoughts on old age* (pp. 316-323). New York: Springer.

Kaszniak, A. W. (1990). Psychological assessment of the aging individual. In J. E. Birren & K. W. Schaie (Eds.), *Handbook of the psychology of aging* (3rd ed., pp. 427-445). San Diego: Academic Press.

Kelly, G. A. (1955). *The psychology of personal constructs.* New York: Norton.

Klingner, A., Kachanoff, R., Dastour, D. P., Worenklein, A., Charlton, S., Gutbrodt, E., & Muller, H. F. (1976). A psychogeriatric assessment program: Clinical and experimental psychologic aspects. *Journal of American Geriatrics, 24,* 17-24.

Knight, B. G. (1986a). Management variables as predictors of service utilization by the elderly in mental health. *International Journal of Aging and Human Development, 23,* 141-148.

Knight, B. G. (1986b). Therapists' attitudes as an explanation of underservice to the elderly in mental health: Testing an old hypothesis. *International Journal of Aging and Human Development, 22,* 261-269.

Knight, B. G. (1988). Factors influencing therapist-rated change in older adults. *Journal of Gerontology, 43,* 111-112.

Knight, B. G. (1989). *Outreach with the elderly: Community education, assessment, and therapy.* New York: New York University Press.

Knight, B. (1992). *Older adults in psychotherapy: Case histories.* Newbury Park, CA: Sage.

Knight, B. (1993). Psychotherapy as applied gerontology: A contextual, cohort-based, maturity-specific challenge model. In M. Smyer (Ed.), *Mental health and aging* (pp. 125-134). New York: Springer.

Knight, B. (1994). Providing clinical interpretations to older clients and their families. In M. Storandt & G. R. VandenBos (Eds.), *Neuropsychological assessment of dementia and depression in older adults: A clinician's guide* (pp. 141-154). Washington, DC: American Psychological Association.

Knight, B., & Kaskie, B. (1995). Models for mental health service delivery to older adults: Models for reform. In M. Gatz (Ed.), *Emerging issues in mental health and aging* (pp. 231-255). Washington, DC: American Psychological Association.

Knight, B., Kelly, M., & Gatz, M. (1992). Psychotherapy with the elderly. In D. K. Freedheim (Ed.), *The history of psychotherapy* (pp. 528-551). Washington, DC: American Psychological Association.

Knight, B. G., Lutzky, S. M., & Macofsky-Urban, F. (1993). A meta-analytic review of interventions for caregiver distress: Recommendations for future research. *Gerontologist, 33,* 240-249.

Koenig, H. G., George, L. K., & Schneider, R. (1994). Mental health care for older adults in the year 2020: A dangerous and avoided topic. *Gerontologist, 34,* 674-679.

Labouvie-Vief, G. (1985). Intelligence and cognition. In J. E. Birren & K. W. Schaie (Eds.), *Handbook of psychology and aging* (2nd ed., pp. 500-530). New York: Van Nostrand Reinhold.

Labouvie-Vief, G., DeVoe, M., & Bulka, D. (1989). Speaking about feelings: Conceptions of emotion across the life span. *Psychology and Aging, 4,* 425-437.

Langer, E. J., & Rodin, J. (1976). The effects of choice and enhanced personal responsibility for the aged: A field experiment in an institutional setting. *Journal of Personality and Social Psychology, 34,* 191-198.

LaRue, A. (1992). *Aging and neuropsychological assessment.* New York: Plenum.

LaRue, A. (1995). Neuropsychology and geropsychology. In B. G. Knight, L. Teri, J. Santos, & P. Wohlford (Eds.), *Mental health services for older adults: Implications for training and practice* (pp. 53-62). Washington, DC: American Psychological Association.

LaRue, A., Dessonville, E., & Jarvik, L. F. (1985). Aging and mental disorders. In J. E. Birren & K. W. Schaie (Eds.), *Handbook of the psychology of aging* (2nd ed., pp. 664-702). New York: Van Nostrand Reinhold.

Lasoki, M. C., & Thelen, M. H. (1987). Attitudes of older and middle-aged persons toward mental health intervention. *Gerontologist, 27,* 288-292.

Lazarus, A. A., & Beutler, L. E. (1993). On technical eclecticism. *Journal of Counseling and Development, 71,* 381-385.

Lehman, D. R., Ellard, J. H., & Wortman, C. B. (1986). Social support for the bereaved: Recipients' and providers' perspectives on what is helpful. *Journal of Personality and Social Psychology, 54,* 438-446.

Lewinsohn, P. M., Youngren M. A., & Grosscup, S. J. (1979). Reinforcement and depression. In R. A. Duprue (Ed.), *The psychobiology of the depressive disorder: Implications for the effects of stress.* (pp. 291-316). New York: Academic Press.

Lewinsohn, P. M., Munoz, R. F., Youngren, M. A., & Zeiss, A. M. (1978). *Control your depression.* Englewood Cliffs, NJ: Prentice Hall.

Lewinsohn, P. M., Rohde, P., Seeley, J. R., & Fischer, S. A. (1993). Age-cohort changes in the lifetime occurrence of depression and other mental disorders. *Journal of Abnormal Psychology, 102,* 110-120.

Lewis, M. I., & Butler, R. N. (1974). Life review therapy: Putting memories to work in individual and group psychotherapy. *Geriatrics, 29,* 165-172.

Lichtenberg, P. A. (1994). *A guide to psychological practice in geriatric long-term care.* New York: Haworth.

Light, E., & Lebowitz, B. D. (Eds.). (1991). *The elderly with chronic mental illness.* New York: Springer.

Light, L. L. (1990). Interactions between memory and language in old age. In J. E. Birren & K. W. Schaie (Eds.), *Handbook of the psychology of aging.* (3rd ed., pp. 275-290). San Diego: Academic Press.

Lorion, R. P. (1978). Research on psychotherapy and behavior change with the disadvantaged. In S. L. Garfield & A. E. Bergin (Eds.), *Handbook of psychotherapy and behavior change* (pp. 903-938). New York: John Wiley.

Malatesta, C. Z., & Izard, C. E. (1984). The facial expression of emotion: Young, middle-aged, and older adult expressions. In C. Z. Malatesta & C. E. Izard (Eds.), *Emotion in adult development* (pp. 253-273). Beverly Hills, CA: Sage.

Markus, H R., & Herzog, A. R. (1991). The role of the self concept in aging. *Annual Review of Gerontology and Geriatrics, 11,* 110-143.

Matarazzo, J. D. (1972). *Wechsler's measurement and appraisal of adult intelligence.* Baltimore: Williams & Wilkins.

Mattis, S. (1976). Mental status examination for organic mental syndrome in the elderly patient. In L. Bellak & T. B. Karasu (Eds.), *Geriatric psychiatry* (pp. 79-121). New York: Grune & Stratton.

McCall, P. L. (1991). Adolescent and elderly white male suicide trends: Evidence of changing well-being? *Journals of Gerontology: Social Sciences, 46,* S43-S51.

McCrae, R. R., & Costa, P. T. (1984). *Emerging lives, enduring dispositions.* Boston: Little, Brown.

McIntosh, J. L., Santos, J. F., Hubbard, R. W., & Overholser, J. C. (1994). *Elder suicide: Research, theory, and treatment.* Washington, DC: American Psychological Association.

McKhann, G., Drachman, D., Folstein, M., Katzman, R., Price, D., & Stadlan, E. M. (1984). Clinical diagnosis of Alzheimer's disease: Report of the NINCDS-ADRDA Work Group. *Neurology, 34,* 939-944.

Menninger, K. A., & Holzman, P. S. (1973). *Theory of psychoanalytic technique.* New York: Basic Books.

Miller, N. E., & Cohen, G. D. (Eds.). (1987). *Schizophrenia and aging.* New York: Guilford.

Myers, W. A. (1984). *Dynamic therapy of the older patient.* New York: J. Aronson.

Myers, J. K., Weissman, M., Tischler, G., Holzer, C., Leaf, P., Orvaschal, H., Anthony, J., Boyd, J., Burke, J., Kramer, M., & Stoltzman, R. (1984). Six month prevalence of psychiatric disorders in three communities. *Archives of General Psychiatry, 41,* 959-967.

Nemiroff, R. A., & Colarusso, C. A. (1985a). Adult development and transference. In R. A. Nemiroff & C. A. Colarusso (Eds.), *The race against time: Psychotherapy and psychoanalysis in the second half of life* (pp. 59-72). New York: Plenum.

Nemiroff, R. A., & Colarusso, C. A. (1985b). Issues and strategies for psychotherapy and psychoanalysis in the second half of life. In R. A. Nemiroff & C. A. Colarusso (Eds.), *The race against time: Psychotherapy and psychoanalysis in the second half of life* (pp. 303-330). New York: Plenum.

Nemiroff, R. A., & Colarusso, C. A. (Eds). (1985c). *The race against time: Psychotherapy and psychoanalysis in the second half of life.* New York: Plenum.

Neugarten, B. L. (1977). Personality and aging. In J. E. Birren & K. W. Schaie (Eds.), *Handbook of the psychology of aging* (pp. 626-649). New York: Van Nostrand.

Neugarten, B., & Hagestad, G. O. (1976). Age and the life course. In R. H. Binstock & E. Shanas (Eds.), *Handbook of aging and the social sciences* (pp. 35-57). New York: Van Nostrand.

Newton, N. A., Brauer, D., Gutmann, D. L., & Grunes, J. (1986). Psychodynamic therapy with the aged: A review. *Clinical Gerontologist, 5,* 205-229.

Niederehe, G. (1986). Depression and memory impairment in the aged. In L. W. Poon (Ed.), *Handbook for clinical memory assessment of older adults* (pp. 226-237). Washington, DC: American Psychological Association.

Niederehe, G., Gatz, M., Taylor, G., & Teri, L. (1995). Clinical geropsychology: The case for certification. In B. G. Knight, L. Teri, J. Santos, & P. Wohlford (Eds.), *Mental health services for older adults: Implications for training and practice* (pp. 143-152). Washington, DC: American Psychological Association.

Orne, M. T., & Wender, P. H. (1968). Anticipatory socialization for psychotherapy and behavior change. *American Journal of Psychiatry, 124,* 1201-1212.

Patterson, R. L., Dupree, L. W., Eberly, D. A., Jackson, G. M., O'Sullivan, M. J., Penner, L. A., & Kelly, C. D. (1982). *Overcoming deficits of aging.* New York: Plenum.

Perlick, D., & Atkins, A. (1984). Variations in the reported age of a patient: A source of bias in the diagnosis of depression and dementia. *Journal of Consulting and Clinical Psychology, 52,* 812-820.

Peterson, C., Seligman, M. E. P., & Vaillant, G. E. (1988). Pessimistic explanatory style is a risk factor for physical illness: A 35 year longitudinal study. *Journal of Personality and Social Psychology, 55,* 23-27.

Phifer, J. F., & Murrell, S. A. (1986). Etiologic factors in the onset of depressive symptoms in older adults. *Journal of Abnormal Psychology, 95,* 282-291.

Poon, L. W. (1985). Differences in human memory with aging: Nature, causes, and clinical implications. In J. E. Birren & K. W. Schaie (Eds.), *Handbook of the psychology of aging* (2nd ed., pp. 427-462). New York: Van Nostrand Reinhold.

Powers, S. M., & Powers, E. A. (1991). *Factors which predict older adults' knowledge of psychological difficulties and of mental health services.* Final report submitted to AARP Andrus Foundation, Greensboro, NC.

Prochaska, J. O., & Norcross, J. C. (1994). *Systems of psychotherapy: A transtheoretical analysis* (3rd ed.). Pacific Grove, CA: Brooks/Cole.

Qualls, S. H. (1988). Problems in families of older adults. In N. Epstein, S. E. Schlesinger, & W. Dryden (Eds.), *Cognitive-behavioral therapy with families* (pp. 215-253). New York: Brunner-Mazel.

Qualls, S. H. (in press). Family therapy with aging families. In S. H. Zarit & B. G. Knight (Eds.), *Psychotherapy with the elderly: Effective interventions with older people.* Washington, DC: American Psychological Association.

Qualls, S. H., & Czirr, R. (1988). Geriatric health teams: Classifying models of professional and team functioning. *Gerontologist, 28,* 372-376.

Radloff, L. (1977). The CES-D Scale: A self-report depression scale for research in the general population. *Applied Psychological Measurement, 1,* 385-401.

Rando, T. (1984). *Grief, dying and death.* Champaign, IL: Research Press.

Rapp, S. R., Parisi, S. A., Walsh, D. A., & Wallace, C. E. (1988). Detecting depression in elderly medical inpatients. *Journal of Consulting and Clinical Psychology, 56,* 509-513.

Rattenbury, C., & Stones, M. J. (1989). A controlled evaluation of reminiscence and current topics discussion groups in a nursing home context. *Gerontologist, 29,* 768-771.

Rechtschaffen, A. (1959). Psychotherapy with geriatric patients: A review of the literature. *Journal of Gerontology, 14,* 73-84.

Reding, M., Haycox, J., & Blass, J. (1985). Depression in patients referred to a dementia clinic: A three-year prospective study. *Archives of Neurology, 42,* 894-896.

Reisberg, B. (1981). *Brain failure.* New York: Free Press.

Reisberg, B., Ferris, S. H., Franssen, E., & Kluger, A. (1986). Age-associated memory impairment: The clinical syndrome. *Developmental Neuropsychology, 2,* 401-412.

Reisberg, B., Shulman, E., Ferris, S. H., de Leon, M. J., & Geibel, V. (1983). Clinical assessments of age-associated cognitive decline and primary degenerative dementia: Prognostic concomitants. *Psychopharmacology Bulletin, 19,* 734-739.

Rickard, H. C., Scogin, F., & Keith, S. (1994). A one year follow up of relaxation training for elders with subjective anxiety. *Gerontologist, 34,* 121-122.

Riley, M. W. (1985). Age strata in social systems. In R. H. Binstock & E. Shanas (Eds.), *Handbook of aging and the social sciences* (2nd ed., pp. 369-414). New York: Van Nostrand.

Rodin, J. (1986). Aging and health: Effects of the sense of control. *Science, 233,* 1271-1275.

Rodin, J., & Salovey, P. (1989). Health psychology. *Annual Review of Psychology, 40,* 533-579.

Rorsman, B., Hagnell, O., & Lanke, J. (1986). Prevalence and incidence of senile and multi-infarct dementia in the Lundby Study: A comparison between time periods 1947-1957 and 1957-1972. *Neuropsychobiology, 15,* 122-129.

Rosen, A. (1971). Detection of suicidal patients: An example of some limitations in the prediction of infrequent events. In L. D. Goodstein & R. I. Lanyon (Eds.), *Readings in personality assessment* (pp. 375-383). New York: John Wiley.

Rosen, J. T. (1990). Age-associated memory impairment. *European Journal of Cognitive Psychology, 2,* 275-287.

Rosenthal, H. R. (1959). Psychotherapy of the aging. *American Journal of Psychotherapy, 17,* 55-65.

Roth, M. (1955). The natural history of mental disorders in old age. *Journal of Mental Science, 101*, 281-301.

Rotter, J. B. (1954). *Social learning and clinical psychology.* Englewood Cliffs, NJ: Prentice Hall.

Rybash, J. M., Hoyer, W. J., & Roodin, P. A. (1986). *Adult cognition and aging.* New York: Pergamon.

Ryff, C. D. (1991). Possible selves in adulthood and old age: A tale of shifting horizons. *Psychology and Aging, 6,* 286-295.

Sadavoy, J., & Fogel, B. (1992). Personality disorders in old age. In J. E. Birren, R. B. Sloane, & G. D. Cohen (Eds.), *Handbook of mental health and aging* (2nd ed., pp. 433-462). San Diego: Academic Press.

Salthouse, T. A. (1985). Speed of behavior and its implications for cognition. In J. E. Birren & K. W. Schaie (Eds.), *Handbook of the psychology of aging* (2nd ed., pp. 400-426). New York: Van Nostrand Reinhold.

Salthouse, T. A. (1991). *Theoretical perspectives on cognitive aging.* Hillsdale, NJ: Lawrence Erlbaum.

Saltzman, N., & Norcross, J. C. (Eds.). (1990). *Therapy wars: Contention and convergence in differing clinical approaches.* San Francisco: Jossey-Bass.

Schaie, K. W. (Ed.). (1983). *Longitudinal studies of adult psychological development.* New York: Guilford.

Schaie, K. W. (1990). Intellectual development in adulthood. In J. E. Birren & K. W. Schaie (Eds.), *Handbook of psychology and aging* (3rd ed., pp. 291-310). San Diego: Academic Press.

Schaie, K. W., & Parham, I. A. (1976). Stability of adult personality: Fact or fable? *Journal of Personality and Social Psychology, 34,* 146-158.

Schneider, L. S. (1994). Meta-analysis from a clinician's perspective. In L. S. Schneider, C. F. Reynolds, B. D. Lebowitz, & A. J. Friedhoff (Eds.), *Diagnosis and treatment of depression in late life: Results of the NIH Consensus Development Conference* (pp. 361-374). Washington, DC: American Psychiatric Press.

Schofield, W. (1964). *Psychotherapy: The purchase of friendship.* Englewood Cliffs, NJ: Prentice Hall.

Schulz, R. (1982). Emotionality and aging: A theoretical and empirical analysis. *Journal of Gerontology, 37,* 42-51.

Schulz, R., & Hanusa, B. H. (1978). Long-term effects of control and predictability-enhancing interventions: Findings and ethical issues. *Journal of Personality and Social Psychology, 11,* 1194-1201.

Scogin, F., & McElreath, L. (1994). Efficacy of psychosocial treatments for geriatric depression: A quantitative review. *Journal of Consulting and Clinical Psychology, 62,* 69-74.

Scogin, F., Rickard, H. C., Keith, S., Wilson, J., & McElreath, L. (1992). Progressive and imaginal relaxation training for elderly persons with subjective anxiety. *Psychology and Aging, 7,* 419-424.

Semel, V. G. (1993). Private practice. In C. M. Brody & V. G. Semel (Eds.), *Strategie. for therapy with the elderly: Living with hope and meaning* (pp. 93-138). New York Springer.

Settin, J. M. (1982). Clinical judgement in geropsychology practice. *Psychotherapy Theory, Research and Practice, 19,* 397-404.

Sherman, E. (1981). *Counseling the aging.* New York: Free Press.

Sherman, E. (1991). *Reminiscence and the self in old age.* New York: Springer.

Sherman, J. (1992). *Medicare's mental health benefits: Coverage, utilization, and expen ditures.* Washington, DC: American Association of Retired Persons.

Shibayama, H., Kasahara, Y., & Kobayashi, H. (1986). Prevalence of dementia in a Japanese elderly population. *Acta Psychiatrica Scandinavica, 74,* 144-151.

Siegler, I. C. (1983). Psychological aspects of the Duke Longitudinal Studies. In K. W. Schaie (Ed.), *Longitudinal studies of adult psychological development* (pp. 136-190). New York: Guilford.

Sloane, R. B., Staples, F. R., & Schneider, L. S. (1985). Interpersonal therapy versus nortriptyline for depression in the elderly. In G. D. Burrows, T. R. Norman, & L. Dennerstein (Eds.), *Clinical and pharmacological studies in psychiatric disorders* (pp. 344-346). London: John Libbey.

Smith, G., Ivnik, R. J., Petersen, R. C., & Malec, J. F. (1991). Age-associated memory impairment diagnoses: Problems of reliability and concerns for terminology. *Psychology and Aging, 6,* 551-558.

Smyer, M. A., Cohn, M. D., & Brannon, D. (1988). *Mental health consultation in nursing homes.* New York: New York University Press.

Smyer, M. A., & Downs, M. (1995). Psychopharmacology: An essential element in educating clinical psychologists for work with older adults. In B. G. Knight, L. Teri, J. Santos, & P. Wohlford (Eds.), *Mental health services for older adults: Implications for training and practice* (pp. 73-84). Washington, DC: American Psychological Association.

Smyer, M. A., & Gatz, M. (1983). *Mental health and aging: Programs and evaluations.* Beverly Hills, CA: Sage.

Spielberger, C. (1984). *State-Trait Anxiety Inventory: A comprehensive bibliography.* Palo Alto, CA: Consulting Psychologists Press.

Storandt, M., & Hill, R. D. (1989). Very mild senile dementia of the Alzheimer's type: 2. Psychometric test performance. *Archives of Neurology, 46,* 383-386.

Storandt, M., & VandenBos, G.R. (Eds.). (1994). *Neuropsychological assessment of older adults: Dementia and depression.* Washington, DC: American Psychological Association.

Stroebe, M., & Stroebe, W. (1991). Does "grief work" work? *Journal of Consulting and Clinical Psychology, 59,* 479-482.

Teri, L., & Gallagher-Thompson, D. (1991). Cognitive-behavioral interventions for treatment of depression in Alzheimer's patients. *Gerontologist, 31,* 413-416.

Teri, L., & Lewinsohn, P. M. (Eds.). (1983). *Clinical geropsychology: New directions in assessment and treatment.* New York: Pergamon.

Thompson, L. W., Gallagher-Thompson, D., Futterman, A., Gilewski, M. J., & Peterson, J. (1991). The effects of late life spousal bereavement over a 30 month period. *Psychology and Aging, 6,* 434-441.

Toseland, R. W. (1990). *Group work with older adults.* New York: New York University Press.

Troll, L. E. (1980). Grandparenting. In L. Poon (Ed.), *Aging in the 1980's* (pp. 475-484). Washington, DC: American Psychological Association.

Trzepacz, P. T., Baker, R. W., & Greenhouse, J. (1988). A symptom rating scale for delirium. *Psychiatry Research, 23,* 89-97.

Turk, D. C., Meichenbaum, D., & Genest, M. (1983). *Pain and behavioral medicine.* New York: Guilford.

Veroff, J., Kulka, P. A., & Douvan, E. (1981). *Mental health in America.* New York: Basic Books.

Waxman, H. M., Carner, E. A., & Klein, M. (1984). Underutilizing of mental health professionals by community elderly. *Gerontologist, 24,* 23-30.

Weiner, I. B. (1975). *Principles of psychotherapy.* New York: John Wiley.

Weissert, W. (1983, November). *Estimating the long-term care population.* Paper presented at the meeting of the Gerontological Society of America, San Francisco.

Whitbourne, S. K. (1985). The psychological construction of the life span. In J. E. Birren & K. W. Schaie (Eds.), *Handbook of the psychology of aging* (2nd ed., pp. 594-618). New York: Van Nostrand.

Wisocki, P. A. (1991). *Handbook of clinical behavior therapy with the elderly client.* New York: Plenum.

Woodruff, D. S. (1985). Arousal, sleep, and aging. In J. E. Birren & K. W. Schaie (Eds.), *Handbook of the psychology of aging* (2nd ed., pp. 261-295). New York: Van Nostrand Reinhold.

Woodruff, D. S., & Birren, J. E. (1972). Age changes and cohort differences in personality. *Developmental Psychology, 6,* 252-259.

Worden, W. (1992). *Grief counseling and grief therapy* (2nd ed.). New York: Springer.

Wortman, C. B., & Silver, R. C. (1989). The myths of coping with loss. *Journal of Consulting and Clinical Psychology, 57,* 349-357.

Yesavage, J., Brink, T., Rose, T., Lum, O., Adey, V., & Leirer, V. (1983). Development and validation of a geriatric depression screening scale: A preliminary report. *Journal of Psychiatric Research, 17,* 37-49.

Zarit, S. H. (1980). *Aging and mental disorders.* New York: Free Press.

Zarit, S. H., & Knight, B. G. (Eds.). (in press). *Psychotherapy with the elderly: Effective interventions with older people.* Washington, DC: American Psychological Association.

Zeiss, A. M. (in press). Behavioral and cognitive behavioral treatments: An overview of social learning. In S. H. Zarit & B. G. Knight (Eds.), *Psychotherapy with the elderly: Effective interventions with older people.* Washington, DC: American Psychological Association.

Zelinski, E. M., Gilewski, M. J., & Schaie, K. W. (1993). Individual differences in cross sectional and 3-year longitudinal memory performance across the adult life span. *Psychology and Aging, 8,* 176-186.

Zelinski, E. M., Gilewski, M. J., & Thompson, L. W. (1980). Do laboratory memory tests relate to everyday forgetting? In L. W. Poon, J. L. Fozard, L. S. Cermak, D. Arenberg, & L. W. Thompson (Eds.), *New directions in memory and aging: Proceedings of the George A. Talland Memorial Conference* (pp. 519-537). Hillsdale, NJ: Lawrence Erlbaum.

中英名詞對照

Abstract interpretation　抽象解析

Acute delirium　急性譫妄症狀

Acute paranoid state　急性妄想症狀

Age graded social role　年齡分級的社會角色

Agreeableness　合作性

Alexithymia　心智失讀症

Alzheimer's disease　阿茲海默症

Androgyny　雙性特質

Anger　憤怒

Anticipatory socialization for therapy model　對心理治療的預期社會化之模式

Anxiety　焦慮症

Assessment　評估

Assisted living　技術性護理協助住宅

Autobiography groups　生命自傳式團體

Autonomy　自主

Base rate　基礎點

Beck Depression Scale　貝克憂鬱量表

Beneficence　利益

Bereavement　喪親之慟

Board and care homes　提供膳食與照顧的住宅

Boston Naming Test　波士頓指名測驗

Casework　個案工作

Catharsis　精神宣洩

CES-Depression Scale CES　憂鬱量表

Chronic Obstructive Pulmonary Disease（COPD）　慢性肺梗塞疾病

Clinical geropsychologist　臨床老人心理治療師

Cognitive commitment　認知上的承諾

Cohort centrism　世代中心主義

Cohort-difference　世代差異

Conduct disorder　行爲失序

Confusion　混淆

Contextual, cohort-based, maturity/specific challenge model　以社會情境及世代爲基礎的成熟／特定挑戰模式

Contingency analysis　關聯性分析

Coping process　因應過程

Countertransference　反移情作用

Cross-sectional　橫斷的

Crystallized intelligence　固定智力

Decision tree　決策樹

Decision-model　決策模式

Delirium　譫妄症

Dementia praecox　早發性失智

Dementia　失智症

Dependability　可靠性

Depression　憂鬱症

Differentiated self　分化的自我

Diffuse organic brain syndromes　瀰散器質性腦部症候群

Dimension　向度

Diagnostic and Statistical Manual of Mental Disorders IV （DSM-IV）

　精神疾病診斷與統計手册

Early born clients　早生世代案主

Erotic transference　情慾移情作用

Excess depression　過度憂傷

Excess disability　過度失能表現

Expert system　專家系統

Extrapyramidal symptoms　錐體外症狀

Extroversion　外向性

False-negatives　負面錯誤

False-positives　正面錯誤

Fidelity　忠誠

Five Factors of Personality　人格五因論

Fluid intelligence　流動智力

Focusing technique　對焦技術

Formal stage　形式推論期

Friendly visitor program　友善探訪方案

Frustrated　沮喪

Geriatric Depression Scale　老人憂鬱量表

Grief work　悲傷處理

Grief　悲傷

Hallucinations　幻覺

Health psychology　健康心理學

Histrionic　做作性的

Imaging techniques　心象技術

Impulsiveness　趨力

Incapacity　無能

Independent living　老人獨立式住宅

Instrumental task　工具性任務

Integrated model　統整模式

Interiority　向內性

Intrapsychic development　內在心理發展

Introversion　內向性

Irritated　被激怒

Learned helplessness　學習而來的無助

Life review　生命回顧

Life span construct　人生全程的構念

Life span psychology　人生全程心理學

Longitudinal　縱貫的

Long-term memory　長期記憶

Loss-deficit　失落一匱乏

Major depression disorder　重鬱症

Managed Care　美國醫療管理

Maturity　成熟

Memory impairment　記憶力損害

Mental disorder　精神疾患

Mental health　心理／精神衛生

Meta-analysis　後側分析

Mini-Mental State Examination（MMSE）　簡短精神狀態檢查

Minnesota Multiphasia Personality Inventory（MMPI）　明尼蘇達多相人格測驗

Mobile home parks　拖車住宅駐紮公園

Multigenerational transmission　多重世代傳遞

Multi-infarct dementia　多重梗塞失智

Multiple time clocks　多重的鐘

Neurofibrillary tangle　神經原纖維纏結

Neurogeropsychologist　老人神經心理治療師

Neurological disorder　神經性疾患

Neuropsychology　神經心理學

Neuroticism　神經質

Nomothetic model　概括化模式

Nondirective Interviewing Techniques　非導向式訪談

Oakland / Berkeley Study　奧克蘭／柏克萊研究

Oakland Guidance Study　奧克蘭輔導研究

Obsessive-compulsive disorder　強迫性疾患

Occluded arteries　動脈阻塞

Older Americans' Act　美國老人福利法

Old-old　老老人

Ombudsman program　長期照顧機構老人的申訴服務

Openness to experience　經驗開放性

Outgoingness　外向性

Panic attack　恐慌症發作

Paranoia　妄想症

Paranoid　妄想性的

Parkinson's disease　帕金森氏症

Participant observer　參與觀察者

Personal Construct Therapy　個人構念治療法

Pessimistic explanatory style　悲觀解釋模式

Phobia　畏懼症

Pleasant Event Schedule（PES）　快樂活動計畫表

Pleasant Event Therapy　快樂活動療法

Pleasant events　快樂活動

Postformal stage　後形式推論期

Prognosis　預後

Projective testing 投射式人格測驗

Prospective Therapy 預期性治療

Psychobiological 心理生物的

Psychological distress 心理性傷慟

Psychomotor slowing 心理動作遲緩

Psychomotor 心理動作

Psychopharmacology 心理藥物學

Psychosis 精神異常

Psychotic disorder 精神病性疾患

Reflected appraisal 反映式的自我評價

Reframing 重新定義事件

Rehabilitation counseling 復健諮商

Reminiscence 回憶法

Residential care 安養機構

Role transition 角色轉換

Satisfaction 滿意性

Schema 基模

Schizophrenia 精神分裂症

Screening 篩檢

Seattle Study 西雅圖研究

Second childhood 第二個童年

Self-confident / victimized 自信／受害者心態

Self-report 自我陳述

Senile dementia 老化失智

Senility　老化

Short Portable Mental Status Questionnaire　簡式精神狀態問卷

Skilled nursing facilities　養護中心

Social gerontology　社會老人學

Social learning theory　社會學習理論

Social mythology　社會神話

Social phobia　社交畏懼症

Socioemotional selectivity theory　社會情緒選擇性理論

Spielberger State-Trait Anxiety Inventory　史班伯格特質狀態焦慮測量表

Spontaneous performance　自發表現

Subdural hematomas　硬腦膜下血腫

Tardive dyskinesia　遲發性不自主運動

The Buschke Selective Reminding Procedure　巴斯克選答回想程序

Thematic Apperception Test（TAT）　主題統覺測驗

Thought-of-childhood conflicts　兒童期想法的衝突

Time line　時間線

Time-effects　時間效應

Transference　移情作用

Two-factor distinction　二元因素分類法

Vascular dementias　血管性失智症

Wechsler Memory Scale　魏氏記憶量表

White body disease　白子症

Word lists　字串

Working memory　運作記憶

國家圖書館出版品預行編目資料

[illegible]

ISBN 978-957-[illegible]

[illegible]

老人心理治療

作 者：[illegible]

譯 者：[illegible]

[illegible]

出 版 者：心理出版社股份有限公司

[illegible]

電 話：(02) 23671490

傳 真：(02) 23671457

[illegible]

國家圖書館出版品預行編目資料

老人心理治療／Bob G. Knight 原作：康淑華、邱妙儒譯. -- 初版. -- 臺北市：心理, 2001（民 90）
面；　公分. --（心理治療系列；22027）
譯自：Psychotherapy with older adults.
ISBN 978-957-702-453-4

1.心理治療　2.老人心理學

178.8　　90012997

心理治療系列 22027

老人心理治療

作　　者：Bob G. Knight
譯　　者：康淑華、邱妙儒
執行編輯：陳文玲
總 編 輯：林敬堯
發 行 人：洪有義
出 版 者：心理出版社股份有限公司
地　　址：台北市大安區和平東路一段 180 號 7 樓
電　　話：(02) 23671490
傳　　真：(02) 23671457
郵撥帳號：19293172 心理出版社股份有限公司
網　　址：http://www.psy.com.tw
電子信箱：psychoco@ms15.hinet.net
駐美代表：Lisa Wu（Tel: 973 546-5845）
排 版 者：辰皓國際出版製作有限公司
印 刷 者：玖進印刷有限公司
初版一刷：2001 年 8 月
初版四刷：2013 年 2 月
I S B N：978-957-702-453-4
定　　價：新台幣 350 元